集人文社科之思 刊专业学术之声

集 刊 名：管理
主办单位：中国管理科学学会

MANAGEMENT

主　　编：向锦武
执行主编：陈　劲
副 主 编：张晓东
顾　　问（按姓氏笔画排序）：
丁烈云　王礼恒　卢春房
胡文瑞　郭重庆　黄维和

编委会成员（按姓氏笔画排序）：
王兆华　伊志宏　向锦武　李凯城
张　卫　张晓东　张晓波　陈　劲
金　李　郭　为　黄　维　野中郁次郎
谢寿光

第4期

集刊序列号：PIJ-2021-440
中国集刊网：www.jikan.com.cn
集刊投约稿平台：www.iedol.cn

管 理

2023年第1期·总第4期

向锦武　主编
陈　劲　执行主编

社会科学文献出版社
SOCIAL SCIENCES ACADEMIC PRESS (CHINA)

主编寄语

新一轮科技革命与产业变革方兴未艾，正深刻影响着人类经济社会的运行方式。狩猎文明时期，人听天由命，自然力量主宰命运。农业文明时期，循天时地利人和为求生之本。工业文明时期，为实现资源效益最大化，出现分工、分权、分利，实则为"合"而"分"。如今，社会进入数字文明时期，新兴科学领域跨界融合正加速演进，科学发展进入新的大科学时代；前沿技术呈现多点突破态势，正在形成多技术群百花齐放的链式反应；科技创新与应用的深度和广度不断拓展延伸，突破奇点效应迎来空前机遇与颠覆性挑战。

回顾人类文明演进历程，科学、技术、经济、社会的发展保持同频共振。工业革命之前，人类受自然主宰被动而无奈，世界塑造了碳基生命生物形态，碳基生命的基本社会形态也随之应运而生。工业革命之后，人类逐步拥有了巨大的力量，从创造出各种机器开始，逐渐创造出钢铁生命、硅基生命、能量生命等各种新生命形态以及相对应的社会形态，并成为未来的"造物主"。进入数字时代，人－机－物呈现三元融合之势；生物世界、物理世界、数字世界的界限越发模糊；科学、技术、创新突破、管理适配的复杂性空前提升。人机共存、万物新生、耗散模糊、算法裹挟、决策让渡……数字时代的技术群落交叉融合与创新应用，正带来具有高度不确定性的颠覆性影响和社会规则的解构与重构。面向社会复杂巨系统，管理的变革与创新任重而道远。

唯改革者进，唯创新者强，唯改革创新者胜。由中国管理科学学会主办的《管理》应运而生，秉承"引领、创新、务实"的宗旨，坚持"思想的前沿性、理论的创新性、实践的务实性"的特色，办好《管理》、办优《管理》、办强《管理》，充分发挥《管理》的学术价值、理论价值、应用价值和实践价值。

以《管理》为平台，海纳世界管理思想和实践精髓。《管理》将更广泛地涵盖新时代管理科学思想和理论的发展、管理实践中出现的热点和难点问题，积极传播和传承管理学界的新思想、新理论、新实践和新方法。

以《管理》为旗帜，提供全球管理先进经验的示范引领。《管理》将更精心地遴选世界经典管理案例和思想精髓，提供国际先进的生产管理、质量管理等经验范本，以全球视野总结反思中国管理，助力中国管理的价值提升。

以《管理》为窗口，展示中国管理的智慧魅力。《管理》将更深入地剖析中国典型案例，从典型案例中引申出中国管理之道，弘扬中华文化浸润下的中国管理力量，探讨适合中国企业发展的东方管理智慧。

以《管理》为灯塔，瞭望管理大势、触摸时代前沿。《管理》将更前瞻地聚焦科技变革背景下国际最新管理趋势和管理理念，重视管理前瞻谋划，把握时代发展脉搏，积极探讨数字时代中国管理的发展模式。

征途漫漫，唯有奋斗。至 2021 年，中国管理科学学会成立已 41 载。回望学会 40 余载峥嵘岁月，奋斗早已镌刻在发展的印迹中。春秋轮回，岁月见证，每一位管理人，不论是孜孜不倦的潜心研究者，还是躬身实干的管理践行者，一代代管理人，韶华不负，初心依旧，汇聚成管理发展的磅礴力量，为管理开启新征程奠定了坚实的基础。

"这是最好的时代，也是最坏的时代"，英国文学家狄更斯曾这样描述工业革命发生后的世界。全球科技进步日新月异，世界物质财富不断积累，人类文明发展进入高级阶段，但面临的科学、技术、经济、社会、伦理、生态等全球性问题与挑战依旧庞杂纷乱。"百年未有之大变局"降大任于新一代管理者。《管理》定将不负使命与重任，砥砺前行，以全球视野为大科学时代的技术变革与创新发展贡献管理的智慧与力量！

向锦武

2021 年 10 月 22 日

序

欣闻《管理》创办，这不仅是中国管理科学学会的一件大事，而且是中国管理学界和管理科学、管理工程、工程管理等相关领域研究工作者的一件大事。

《管理》由中国管理科学学会主办，中国工程院院士向锦武担任主编，清华大学技术创新研究中心主任陈劲担任执行主编。《管理》以"引领、创新、务实"为宗旨，追踪全球前沿管理思潮，聚焦中国本土管理理论与实践，传播企业管理经验，提倡不同学派、不同观点的碰撞，秉承思想性、理论性、专业性、实践性的精神，为国内管理领域的学者和研究者、企业管理者和政府领导提供学术思想和管理实践的高端交流平台，促进管理科学的繁荣和管理水平的提高，可谓定位清晰、重点突出、目的明确、团队强大。

如何办好《管理》？提出三点建议。

第一，提高站位，瞄准国际领先水平。尽管刚起步，但一定要站在促进民族复兴和国家繁荣的高度，通过高站位来推进高层次学术交流和创新，通过高层次交流和创新推进"构筑中国精神、中国价值、中国力量"。同时，以国际视野创办《管理》，用国际领先水平要求《管理》，办就办出高水平，努力向美国的 *Science*、英国的 *Nature* 以及中国的 *Engineering* 看齐。

第二，开放包容，建立高质量编委会。坚持百花齐放、百家争鸣，吸引大量管理相关领域的著名专家、学者进入编委会，充分调动编委和专家的积极性，扩大稿源，优中选优，提高集刊内容质量。

第三，主动作为，引领管理领域发展。敏锐、主动的编辑团队是创办高水平集刊的必要条件。集刊编辑团队不要坐等作者投稿，要密切关注相关领域学术前沿动态，通过积极约稿、开辟专栏、引导修稿等方式，多出前沿性、创新性的文章，以积极作为，引领管理相关领域前沿发展方向。

预祝《管理》高标准起步，越办越好！

2021 年 10 月 11 日

目 录

新发展阶段中国管理学科发展

战略展望 // 陈 劲 陈 悦 肖轶群 朱子钦 1

中国管理：推进高质量发展的

重要力量 // 吴照云 黄 欣 巫周林 肖智良 41

从《荀子·王霸》篇谈儒家社会治理体系 // 邱昭良 69

零工经济中平台企业的民主管理

——基于公地理论的再思考 // 魏 巍 韩思忆 陈 劲 88

B 型企业运动如何推动向利益相关者资本主义转型 // 孟睿思 122

稿 约 // 151

新发展阶段中国管理学科发展战略展望*

陈 劲 陈 悦 肖轶群 朱子钦

摘 要：新发展阶段中国管理学科的发展不仅能为重大发展领域提供关键助力，而且对提升中国的国际话语权具有重要意义。依照时序，本文回顾了国内外管理学三大分支——管理科学与工程、工商管理和公共管理的发展历程。通过对比分析 2012—2022 年的国际和国内管理学科研究的重点主题与演变趋势，总结了国际顶尖高等院校的研究热点，并进一步展望了新发展阶段我国管理学科的发展趋势。最后，提出了管理学科的总体发展战略：突出原创，形成具有"实践智慧"特征的管理体系；增强管理学科解决实际问题的能力；加强各管理学科之间的交叉协同，形成"新管理学"体系。

关键词：管理学科 原始创新 交叉学科 新管理学

一 引言

党的二十大报告提出，"加强基础学科、新兴学科、交叉学科建设，加快建设中国特色、世界一流的大学和优势学科"[1]。进入

---

* 基金项目：北京市哲学社会科学项目（21LLGLA002）。
作者简介：陈劲，博士，清华大学经济管理学院教授、博士生导师，清华大学技术创新研究中心主任，研究方向为技术创新管理与科技政策；陈悦，博士，大连理工大学科学学与科技管理研究所教授、博士生导师，研究方向为科学学与科技管理、区域经济学；肖轶群，博士，清华大学技术创新研究中心博士后（在站），研究方向为科技创新管理；朱子钦，博士，清华大学技术创新研究中心助理研究员，研究方向为科技战略和创新政策。
[1] 习近平：《高举中国特色社会主义伟大旗帜 为全面建设社会主义现代化国家而团结奋斗——在中国共产党第二十次全国代表大会上的报告》，https://www.gov.cn/xinwen/2022-10/25/content_5721685.htm，2022-10-25。

新发展阶段，我国高质量高等教育学科体系建设要主动适应中国式现代化的新使命。习近平总书记曾多次提到"五位一体"，即"全面推进经济建设、政治建设、文化建设、社会建设、生态文明建设"（吴家庆和唐林峰，2022），并在2016年5月的哲学社会科学工作座谈会上提出"要按照立足中国、借鉴国外，挖掘历史、把握当代，关怀人类、面向未来的思路，着力构建中国特色哲学社会科学，在指导思想、学科体系、学术体系、话语体系等方面充分体现中国特色、中国风格、中国气派"[①]，上述会议思想成为中国学者把握正确思路，构建、发展和完善特色哲学社会科学体系的重要纲领和行动指南。作为中国话语体系的支撑基础，中国哲学社会科学的发展对于提升中国的国际话语权至关重要。学科体系是加快构建中国特色哲学社会科学的根本依托（谢伏瞻，2019），作为哲学社会科学体系的重要组成部分，"中国特色"管理学科体系的构建（何佳讯等，2021），对于深入推进哲学社会科学繁荣发展、提升中国国际话语权意义重大。

在经济全球化、文化多元化、信息网络化的时代背景下，中国与世界各国的经济、政治、技术、文化交流渐趋紧密，东西方学术交流也日益频繁且不断深化，管理学科在持续的互动与交融中不断探索和突破。中国已从落后经济体转变成全球第二大经济体，制度环境的不断变革以及市场主体的多元化催生了大量新的管理理论和企业管理技术，同时也推动了政府公共治理体制发生变革（陈振明，2018；盛昭瀚等，2021；张玉利和吴刚，2019），中国的管理学理论体系伴随着40余年改革开放进程的纵深发展而不断丰富完善。自21世纪以

[①] 习近平:《在哲学社会科学工作座谈会上的讲话》，http://www.nopss.gov.cn/n1/2016/0519/c219468-28361739-5.html，2016-05-19。

来，我国管理学科进入了以自主创新为主，探索具有时代特色、满足国家发展需要的管理理论新时期（陈劲和王鹏飞，2010；李晋和刘洪，2011）。同时，我国管理学科的发展也是国家全局性科学技术发展战略的重要组成部分，并为重大发展领域提供关键助力。

然而，管理学理论的普适性会因为中西方之间的文化差异（朱鸿亮，2021）导致的管理情境差异而面临挑战。进入新发展阶段，为充分满足我国在多个关键战略方向的重大需求，适应制度、经济、社会和技术等各方面环境的不断变化，在借鉴、引进西方经典管理学理论的同时（苗莉，2012），需要在管理科学与工程、工商管理和公共管理等领域不断挖掘具有"中国特色"的管理实践创新，进而夯实中国特色管理学理论创新的实践基础（陈春花，2010），才能做出适应于中国管理实践的变革和创新，推动中国管理学科的不断发展。已有研究往往只针对管理学的某一个分支领域（陈振明，2018；盛昭瀚等，2021；张玉利和吴刚，2019）或特定情境（国家自然科学基金委员会，2012；娄成武，2021）提出发展战略，或是从整体视角出发溯源和展望整个管理学科的发展（吕力，2011；苗莉，2012），缺乏学科内部不同领域间的横向比较。系统梳理管理学科不同分支的发展脉络，从全局视角出发分析和研判国内外管理学科不同分支领域的研究热点与发展趋势，不仅攸关中国管理学研究不断创新的价值取向和学科发展的战略方向，对于加强中国管理学成果的国际传播，提升中国管理学的国际学术话语权，助力形成中国特色学术体系也都具有重大价值和意义（蔡玉麟，2016）。

基于此，首先，依照时间演进脉络，本文系统回顾了国际和国内管理学科三大分支的发展历程；其次，通过知识图谱方法挖掘近十年（2013—2022年）国内外管理学领域的学者发文概况与研究热点议题（陈亚蕾，2020；刘曼，2020；冉士平和刘丁晓，2020；张静和黄超平，2019），形成对中国管理学研究的整体解读和对世界管理知识贡献全面具体的了解；最后，根据当前与未来的形势分析，展望了我国管理学科的研究趋势，针对我国管理学科现存问题和不足，提出了我国管理学科的总体发展战略，以期为中国管理学的进一步发展提供理论借鉴和实践指引。

二　国内外管理学科发展溯源

人类管理活动领域科学层面的知识、方法与应用体系都可被看作管理学，也可被称为（广义）管理科学。它是一个多分支的学科体系，按照不同的研究对象，管理学细分为包括管理科学与工程、工商管理、公共管理等在内的很多分支学科。这些不同的分支学科在基础认识和应用两个维度上各有偏重，但是都强调理论和应用的结合。管理科学与工程是应用数学、统计学和运筹学中的原理和方法，建立数学模型和进行计算机仿真，为管理决策提供科学依据的学科。它的核心问题是借助于管理信息系统，通过建立数学模型和计算机仿真，来优化管理决策，以提高经济效益和社会效益。工商管理是研究工商企业经济管理基本理论和一般方法的学科，主要包括企业的经营战略制定和内部行为管理两个方面（Hoffman，1975）。工商管理专业的应用性很强，它的目标是依据管理学、经济学的基本理论，通过运用现代管理的方法和手段来进行有效的企业管理和经营决策，保证企业的生存和发展。公共管理是指国家在全社会范围内进行的对人力资源的计划、组织、控制，目的在于调整和改善人力资源状况以适应生产力发展的要求，促进社会经济的良性运行和健康发展。

追溯管理学科发展的历史，中国管理学思想启蒙较早，古代中国治国理政至少可以追溯到夏商周时期的国家或政府形成之时，先秦诸子的学说着眼于解决如何治国平天下的问题，呈现出"国家管理学"百家争鸣的局面。中国悠久的国家治理或政府管理的研究历史为全人类创造了极为丰富的思想遗产（都佳璐，2015）。而在长期的农业社会中，商业被列为各行之末，并未得到很好的发展。

第一次工业革命推动了人类由农业社会向工业社会的逐渐转型。工业经济和资本主义规模化生产方式催生了较为科学、系统的管理理论和管理思想。有别于前文提到的（广义）管理科学，一部分学者越来越强调用"科学"的模式来研究管理学，这种更多地运用数学方法的管理学知识领域被称为（狭义）管理科学。生产效率的极大提高催生出注重提高生产效率的管理模式。1881年，宾夕法尼亚大学沃顿商学院成立，成为美国首开时代先端的新式商学院。20世纪初，随着现代大学的不断兴起，我国开始向西方学习管理学，泰勒等西方管理学家的经典理论陆续引入中国。而近现代科学意义上的商科和公共行政学在中国的出现也几乎与西方同步。威尔逊、古德诺等学者在19世纪末20世纪初提出"政治行政二分"的思想，逐步形成了以效率为核心的公共行政（Public Administration）思想体系（Wren and Bedeian，2020）。1911年，德里克·泰勒出版《科学管理原理》一书（Taylor，1915），首次提出"科学管理"这一概念，这是管理学发展史上的一个里程碑，标志着管理学的正式诞生，工业开始进入"科学管理时代"（Fayol，1930）。

在20世纪初至20世纪20年代这一阶段，公共行政从管理学中吸纳科学管理原则而不断发展后得以形成技术理性，行政学得以诞生（熊永清，2013）。该学科在诞生之初就传入我国，国内翻译出版了《行海要术》《行政学总论》《行政法撮要》等西方的行政学及行政法著作。同时，大学里也设立了商科课程。以南开大学为例，1919年大学成立时就设立了拥有国内外贸易、银行财政、商业组织3个学门（系）的商学组，1923年，学校进行商科专修课程系列化建设，不仅设置有今天工商管理的主流课程，如经济学原理、会计学、货币及银行学、财政学、国际贸易等，还包括托拉斯问题、广告学原则、劳工问题等专题性课题，基本涵盖了商科的主要领域。

管理科学与工程学科在两次世界大战中的广泛应用中得到迅速发展，并逐渐形成一门独立的学科。20世纪30年代至50年代，公共行政学在不断借鉴行为科学的过程中，提出行政科学、决策理论、价值理性回归和政府扩权等新议题。第二次世界大战后全球经济的迅猛发展，为企业的扩张带来了大量的机会。工商管理作为高等教育的学科，以商学院作为组织保障，方兴未艾。

新中国成立后，管理科学与工程属于管理学学科中发展最早、基础最厚实的学科。20世纪50年代，现今管理科学与工程学科最大的国际学术组织运筹学与管理科学学会（INFORMS）的两大前身——运筹学会和管理科学学会相继成立，标志着管理科学与工程学科的正式形成（吴杰等，2022）。20世纪60年代，以华罗庚教授作为主要倡导和领导者的"双法"（统筹法与优选法）推广是中国里程碑式的管理科学化运动（劳汉生和许康，2000）。1950年成立的中国人民大学商学院是新中国成立以来最早的高校商学院，从此我国工商管理学科进入了探索发展时期。一方面，我国积极学习和引进苏联的管理模式和管理学知识，另一方面，国内企业也探索出许多有中国特色的企业管理经验和模式，管理学科呈现出计划经济条件下生产导向型管理的基本特征。

与此同时，美国的商学院在20世纪五六十年代快速发展，兴起了以学科为基础、强调科学方法和知识创造的"科学化"运动，以解决工商管理学科的"合法性"问题。欧洲商学院则在20世纪70年代后再次兴旺。工商管理学科在欧美发达国家日渐发展成熟。从全球版图来看，工商管理学科起源于欧洲、兴盛于美国、扩散至全球，其具有高等教育基本功能（人才培养、科学研究、社会服务）的历史不过70余年，是一个年轻且充满生机活力、发展迅速的学科。其整体上的科学性不如管理科学与工程，在不同社会、不同文化背景国家中的发展表现出共性与多样性共存的特征。20世纪60年代末，公共行政学开始对公共利益、个人价值、平等自由等价值观进行更多的思考，新公共行政学（New Public Administration）也随之兴起（陈振明，2000）。自20世纪80年代起，由于大量经济学者的涌入，管理科学与工程学科的研究重心也由工程领域逐步向商业领域转移。区别于早期只与数学理论结合以解决工程中的实际问题，此时的管理科学与工程学科形成了以数学、经济学、心理学等多学科交叉理论与方法为研究工具，以商业管理研究为主，同时兼顾工程管理、公共管理等多领域的新局面。

改革开放以来，中国经济社会与科学技术迎来了飞速发展，管理科学与工程学科依托自然科学和工程科学迎来了发展机遇期，在我国各行业的快速发展中发挥着重要作用。此后，我国的管理科学与工程学科的发展与其他发达国家有着类似的走势，经历了由以工程管理研究为主到多领域管理研究并行，以及由依托数学工具到依托多学科交叉理论与方法的过程，中国管理学科开始从计划经济下的生产型转向市场经济下的生产经营型。彼时公共管理开始起步，但学者们关注的重心仍然是行政学和行政管理，"公共管理"的名词和概念还未兴起。20世纪80~90年代，在全球化与信息化浪潮下，面对财政危机等挑战，西方掀起了政府改革热潮，公共管理进入了学科调整期，将重心移向了优化政府资源利用和提高公共服务效率，因此催生了新公共管理（New Public Management）运动等新模式（张静静和陈世香，2022）。

进入20世纪90年代，管理学仍然是工商管理的时代，亚洲商学院于90年代后迅速崛起。1991年，我国便开设了工商管理专业硕士（Master of Business Administration，MBA）项目。1993年，党的十四届三中全会召开，建立和完善了中国的社会主义市场经济体制，也因此开启了中国管理学"完善提高"发展的新阶段。1997年，我国的工商管理学科进入了快速发展的新阶段。同年，原隶属于一级学科政治学中的行政学专业被重新划归公共管理学科，并更名为"行政管理"，"公共管理"也正式被列为管理学门类下的一级学科。1998年，教育部在本科教育中增设"公共事业管理"学科，同时也确定了"管理科学与工程"学科为管理学科门类的一级学科。一年后，公共管理专业硕士（Master of Public Administration，MPA）项目开始试点，次年10月开启第一批招生。

管理科学与工程学科在中国的70多年发展历程中取得了长足

的进步，产生了不少具有原创性与重要国际影响力的学术成果。当今"大科学"时代背景下，管理科学与工程学科在保有中国特色的同时，在回应巨大社会、科技变革的挑战方面也独具优势、能力突出（盛昭瀚等，2021）。首先，国家自然科学基金委在管理科学与工程学科发展过程中起到了极其重要的作用，我国该领域半数以上的成果均受到了国家自然科学基金委的资助（贾佳等，2020b），而促进我国哲学社会科学繁荣发展的国家社科基金项目则更是推动了包括管理科学与工程学科在内的管理学科领域的向前发展（吴伟伟，2021；张铄，2022）。其次，在我国重大复杂工程项目体量大、数量多、复杂程度高的背景之下，管理科学与工程学科偏重于研究重大复杂工程等的管理（罗珉，2006），学科发展与经济、社会发展的现实需求息息相关。国家自然科学基金委成立以来中国管理科学特别是工商管理学科发展突飞猛进（贾佳等，2020a），新时代中国工商管理学科要实现从对泰勒、德鲁克等提出的经典理论"照着讲"的阶段向"接着中国情境讲"的阶段的转变（Chen and Miller，2010）。我国的公共管理学科虽然起步晚，但经过20多年的发展，其规模不断扩大，学科体系不断优化。该学科服务于我国的公共治理实践，在参与国家重大方案改革和重大政策设计的讨论、全球治理体系改革重构等诸多方面都做出了重要贡献（唐任伍和李楚翘，2021）。

三 国内外管理学科发展的研究重点与趋势

为了进一步分析当前管理学三大分支在国内、国际的学术地位与重点课题，本文以三大分支在国内和国际重要学术期刊中发表的论文作为数据集进行深入分析。基于国家自然科学基金认定管理学科领域的 22 本 A 类期刊和 8 本 B 类期刊，以及经过专家咨询增加的 3 本公共管理领域国内核心期刊——《中国行政管理》《国家行政学院学报》《政治学研究》，最终确定了管理学科三大分支中文核心期刊目录；对于国际核心期刊目录，本文参照《管理学学科演进的科学计量研究》（陈悦，2006）一文中关于管理学学科的国际核心期刊列表，以及期刊引证报告（Journal Citation Reports）最新列表中"public administration"类别下 Q1 区的 12 本期刊，并通过专家咨询，最终确定了管理学科三大分支的国际核心期刊目录。三大期刊的中、英文期刊目录分别见表 1 和表 2。

表 1　管理学科三大分支中文核心期刊目录

管理科学与工程	工商管理	公共管理
管理世界	管理世界	管理世界
管理科学学报	管理学报	公共管理学报
系统工程理论与实践	管理评论	中国行政管理
系统工程学报	南开管理评论	国家行政学院学报
系统管理学报	数量经济技术经济研究	政治学研究
系统工程	金融研究	公共管理学报
情报学报	会计研究	管理世界
管理科学	中国工业经济	中国软科学
运筹与管理	农业经济问题	科研管理
数理统计与管理	中国农村经济	科学学研究
预测	科学学与科学技术管理	
工业工程与管理	研究与发展管理	
管理工程学报	中国人口·资源与环境	
中国管理科学系统工程理论与实践		

表 2　管理学科三大分支英文核心期刊目录

管理科学与工程	工商管理	公共管理
Information Systems Research	Journal of Applied Psychology	Journal of European Public Policy
Journal of the American Statistical Association	Journal of Accounting Research	Journal of Public Administration Research and Theory
Journal of Operations Management	Journal of Business Ethics	Regulation & Governance
Long Range Planning	Journal of Business Venturing	Public Management Review
MIS Quarterly	Journal of Consumer Research	Review of Public Personnel Administration
Management Science	Journal of Financial Economics	Public Administration Review
Operations Research	Journal of Finance	Policy Studies Journal
Strategic Management Journal	Journal of International Business Studies	Climate Policy
Academy of Management Executive	Journal of Marketing	Journal of Policy Analysis and Management
Academy of Management Journal	Journal of Marketing Research	Policy and Society
Academy of Management Review	Journal of Political Economy	
Administrative Science Quarterly	Journal of Small Business Management	
California Management Review	Organizational Behavior and Human Decision Processes	
Harvard Business Review	Organization Science	
Management International Review	Review of Financial Studies	
Sloan Management Review	The Rand Journal of Economics	

按照表 1 和表 2 所列的中英文核心期刊，对英文文献利用 Web of Science 核心合集数据库进行检索，对中文文献则使用中国知

网检索，三大分支中英文检索的时间区间均为 2012 年 1 月 1 日至 2022 年 3 月 1 日。检索出中英文文献数量如表 3 所示。按照本文学科板块的划分（陈悦，2006），在英文核心期刊中工商管理领域研究占主导地位，而国内的中文核心期刊则更加注重管理科学与工程和公共管理领域的研究。

表 3　管理学三大分支中英文核心期刊检索文献量
（2012 年 1 月 1 日至 2022 年 3 月 1 日）

单位：篇

学科板块	英文文献	中文文献
管理科学与工程	13882（8716）	27765（27765）
工商管理	23789（13809）	17526（17526）
公共管理	8228（4380）	23556（23556）

注：括号内的数值为含有关键词的文献数量。

（一）国内外研究主题热点与趋势

为了得到中英文核心期刊的热点主题，本文对三大分支的中英文核心期刊论文（如表 3 所示包含关键词的文献）进行关键词提取（陈楚湘等，2021），以词云图的形式按照关键词的词频对其进行可视化展示，如图 1 所示，再将所挖掘的热点主题列入表 4。同时，为了更为直观地观察管理学科的发展态势和演变趋势，本文使用动态技术主题演变模型，基于管理科学与工程、工商管理和公共管理三个领域的论文关键词分析随着时间的推移各研究主题的演变过程（如图 2 至图 7 所示）。每个研究主题 i 在第 t 年的热度通过式（1）

来确定。式（1）中：$n_{i,t}$ 表示第 t 年研究主题 i 涉及的论文数量；K_i 表示第 t 年的论文总量。

$$\beta_{i,t}=n_{i,t}/K_i \tag{1}$$

管理科学与工程领域近年的国际研究主题演变如图 2 所示，从演变图谱可以更加清晰地看到，近几年研究主题从企业精神（entrepreneurship）到社交媒体（social media）、社会网络（social networks）、企业治理（corporate governance）、定价策略（pricing）的热点迁移，而创新（innovation）始终是最热门的研究主题。管理科学与工程领域的国内研究主题演变如图 3 所示，供应链、演化博弈近年来一直是热点，研究方法包括遗传算法、博弈论、复杂网络、前景理论和系统动力学等则呈现交替性的热点演变趋势。

图 1　管理学三大分支（管理科学与工程、工商管理、公共管理）的中英文核心期刊论文热词

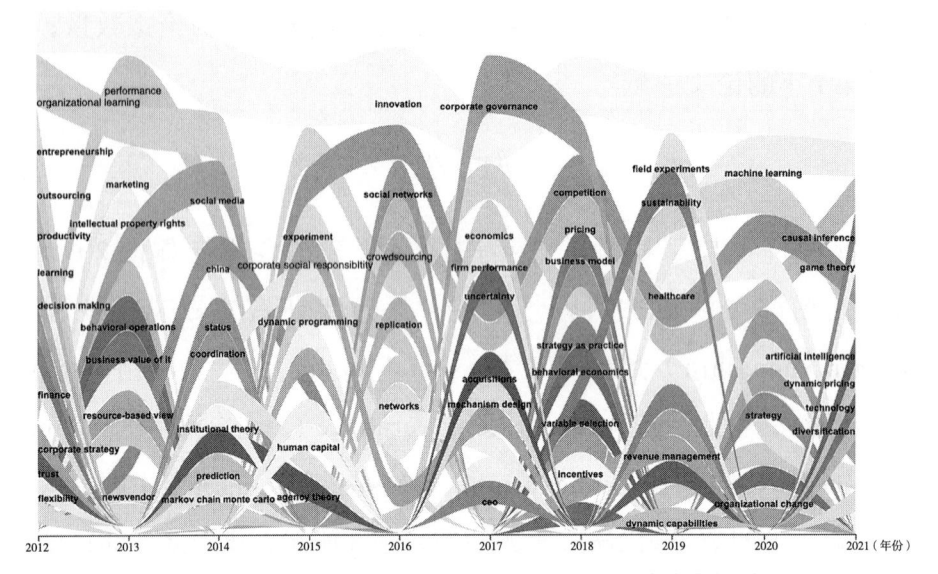

图 2 管理科学与工程英文核心期刊论文主题演变图谱

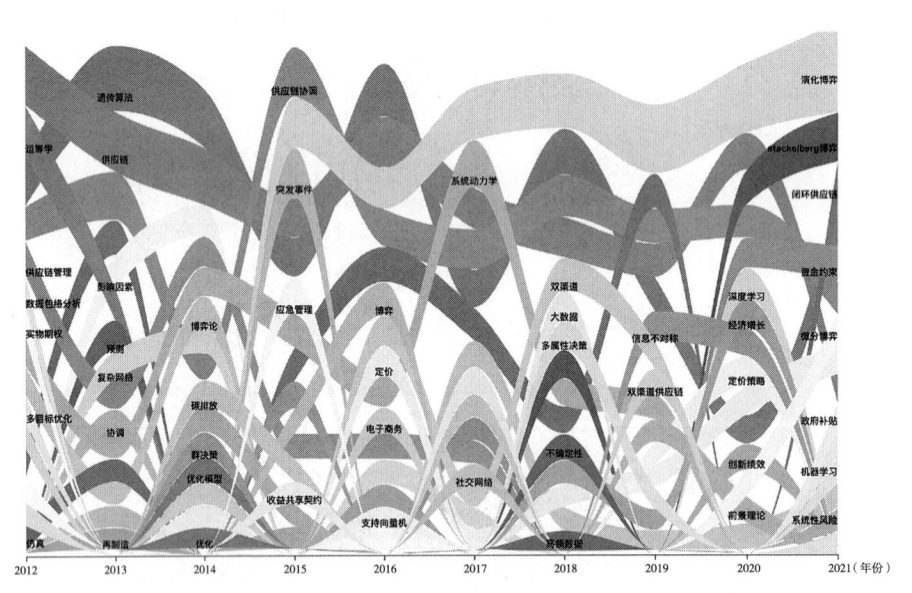

图 3 管理科学与工程中文核心期刊论文主题演变图谱

从图4可以看出，企业社会责任（corporate social responsibility）、人力资源管理（human resource management）和企业治理（corporate governance）一直都是热门研究主题，伦理（ethics）是工商管理领域前几年的国际研究热点，企业家精神（entrepreneurship）、创新（innovation）则在2020年成为新的热门研究方向。在该领域的国内研究主题（见图5）中，影响因素、农户、企业绩效、融资约束、企业创新、乡村振兴成为出现频率较高的主题，而经济增长和货币政策的研究热度则呈现周期性变化。总体来看，国内研究主题更偏向于中国情境，对于创新的研究和关注还相对不足。

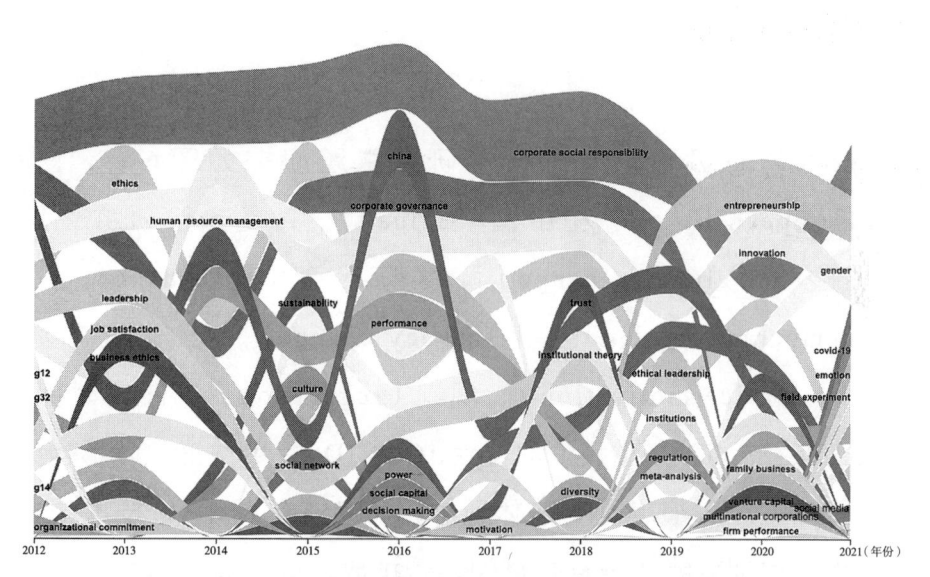

图4　工商管理英文核心期刊论文主题演变图谱

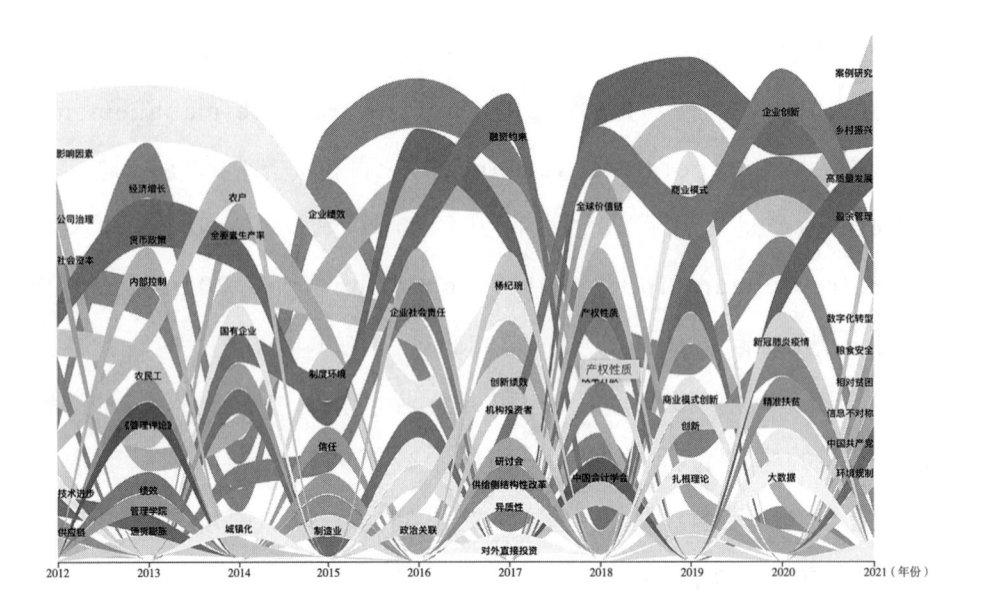

图5 工商管理中文核心期刊论文主题演变图谱

公共管理领域近年的国际研究主题演变如图6所示，欧盟（European Union）和中国（China）一直是热门研究主题，气候变化（climate change）、政府治理（governance）、民主（democracy）、政策变化（policy change）、公共服务动机（public service motivation）、规则（regulation）则随着时间推移依次成为热点。随着疫情的发生，COVID-19的热度呈陡增趋势。中文研究主题的演变则更能体现中国特色（见图7），技术创新、影响因素和创新绩效一直是热门，碳排放、创新、环境规制、"放管服"改革、案例研究和高质量发展则越来越受到重视。

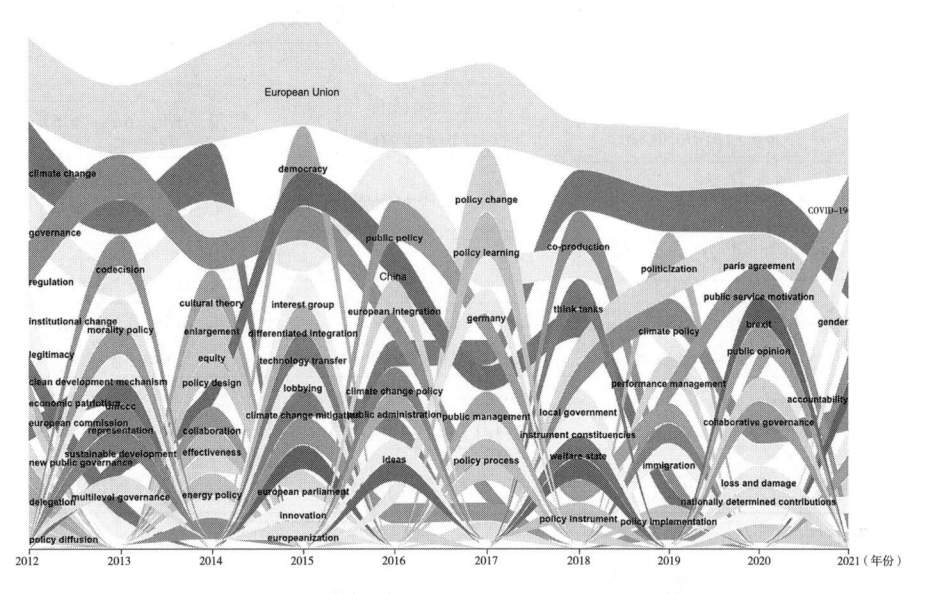

图6 公共管理英文核心期刊论文主题演变图谱

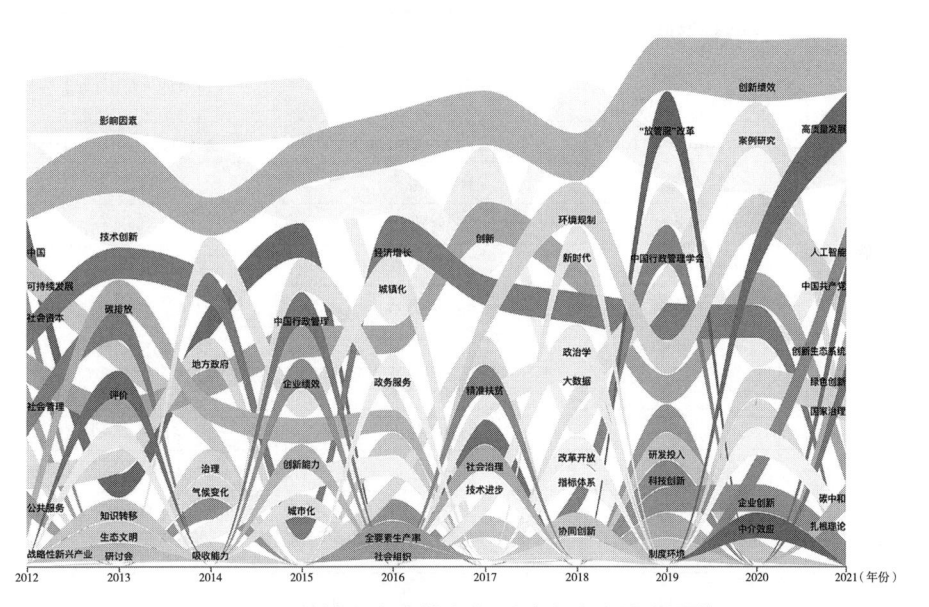

图7 公共管理中文核心期刊论文主题演变图谱

表 4　管理学科三大板块中英文期刊研究热词

期刊类别	管理科学与工程	工商管理	公共管理
英文期刊	企业家精神（entrepreneurship）	企业家精神（entrepreneurship）	欧盟（European Union）
	创新（innovation）	创新（innovation）	气候变化（climate change）
	社会网络（social networks）	领导力（leadership）	气候政策（climate policy）
	企业治理（corporate governance）	企业治理（corporate governance）	政策变化（policy change）
	定价策略（pricing）	企业社会责任（corporate social responsibility）	公共服务动机（public service motivation）
	社交媒体（social media）	伦理（ethics）	规则（regulation）
	组织学习（organizational learning）	人力资源管理（human resource management）	治理（governance）
	医疗保健（healthcare）	绩效（performance）	新冠肺炎（COVID-19）
	博弈论（game theory）	中国（China）	中国（China）
	竞争（competition）	性别（gender）	责任（accountability）
中文期刊	供应链	影响因素	影响因素
	演化博弈	案例研究	案例研究
	供应链协调	经济增长	经济增长
	定价策略	企业绩效	创新绩效
	突发事件	货币政策	技术创新
	遗传算法	融资约束	研发投入
	博弈论	公司治理	环境规制
	复杂网络	国有企业	协同创新
	前景理论	农民工	地方政府
	系统动力学	制度环境	社会资本

总体来说，当前的国际研究热点呈现管理科学与工程和工商管理学科之间相互交叉融合的趋势，学科板块分类界限越来越模

糊。共同的研究热点有企业家精神（entrepreneurship）、创新（innovation）、企业治理（corporate governance）等。在管理科学与工程学科的国际研究主题中，除了定价策略（pricing）与竞争（competition）等与工商领域密切相关的热点，社交媒体（social media）与社会网络（social networks）也因互联网时代社交模式的变化而成为热门话题。工商管理学科的国际研究主题比较广泛且均衡，其研究热点包括企业社会责任（corporate social responsibility）、企业治理（corporate governance）、企业家精神（entrepreneurship）、领导力（leadership）、伦理（ethics）、人力资源管理（human resource management）等。尽管工商管理和管理科学与工程的学科特点有一定区别，但二者的热门研究主题出现交叉和融合，不拘泥于学科间严格的界定，更强调解决实际问题的导向。

此外，中国（China）是工商管理与公共管理学科的英文期刊论文的共同研究热点，体现了近年来中国越来越突出的经济与公共治理影响力，而国际公共管理领域关注最多的热点议题则是欧盟（European Union）。其他热门研究主题有气候变化（climate change）、气候政策（climate policy）、政策变化（policy change）、公共服务动机（public service motivation）、规则（regulation）等，随着疫情的出现，对新冠肺炎（COVID-19）的研究也十分突出，体现了国际公共管理领域研究突出问题导向、紧扣时代前沿、高度关注全球性议题的特征。

相较而言，国内中文期刊管理科学与工程学科的研究主题十分丰富（见图3），但更侧重于科学与方法层面，在研究方法上强调与数学、计算机网络等学科的交叉，注重对复杂系统的研究，其热点包括遗传算法、博弈论、复杂网络、前景理论和系统动力学等。在复杂的国际局势以及疫情等因素的影响下，供应链、演化博弈、定价策略、突发事件等研究热点也都具有现实指导意义，这符合 21 世纪信息化和数字化的发展趋势，也符合中国在当前情境下对于复杂系统管理和复杂系统研究的迫切需要。从研究热点和趋势演进上可以看出，管理科学与工程同管理学的另外两个分支——工商管理和公共管理领域之间的学科交叉并不突出。工商管理的中文期刊研究热点有货币政策、企业绩效、融资约束、公司治理、国有企业、农民工、制度环境等，其中，国有企业、农民工都是在中国特定语境下需要重点关注的议题。影响因素、案例研究和经济增长是工商管理和公共管理中文期刊的共同研究热点，也是最热门的议题。在中国语境下，公共管理研究受关注度高且成果颇丰，这从公共管理学科中文期刊发文数量与研究主题中可见一斑。除了期刊分类界限模糊等因素，公共管理与工商管理存在交叉与融合也非常符合"中国模式""中国语境"下政府以及公共治理在经济增长中发挥重要作用的实际情况。此外，众多研究议题在管理学研究中是相互贯通的，因此，机械地进行学科细分和界定不利于课题研究。弱化学科边界，加强管理学科与其他学科以及管理学科分支之间的交叉融合能更好地解决问题。本文划分的公共管理研究的中文期刊非常强调创新：伴随创新绩效、技术创新和协同创新等创新议题越来越受到重视，创新过程中的研发投入、环境规制等也成为热门研究课题。

从研究热点主题来看，中国管理学三大分支总体都强调研究方法。除了管理科学与工程采用数理、建模等科学方法和工具层面的研究方法，其余两个分支都相对注重影响因素、案例研究、经济增长、绩效等研究方法，而对创业、创新等需求议题的研究远远不如英文期刊，这反映出当下我国管理学科对创新前沿、需求导向的热点问题不够敏锐。面对新发展阶段下的新发展格局，管理学应当将创新研究摆在更为突出的位置。国有企业、农民工、协同创新等热点与中国特色实践息息相关。当前我国管理学需要强化问题导向，让更多的管理学课题研究中国实践，提出中国方案，贡献中国智慧。

（二）顶尖院校研究热门方向

衡量一个机构或国家的学科领域的国际学术综合影响力，在本领域国际顶级期刊发表论文数量成为一个最直观的指标（赵新元等，2021）。Web of Science 数据库的核心合集中收录的管理科学与工程机构共 3313 所，其中国际核心期刊发表量排名前三的机构分别是哈佛大学、加州大学系统和得克萨斯大学；收录的工商管理机构共 5174 所，其中发文量最高的三个机构分别为美国国家经济研究局（1103 篇）、哈佛大学（829 篇）和伦敦大学（825 篇）；收录的公共管理研究机构共 2845 所，其中排名前三的机构分别是伦敦大学、佛罗里达州立大学系统和加州大学系统。因此，目前在管理学科领域的国际影响力上占主导地位的还是欧美发达地区的顶尖高等院校。

本文对管理学三大学科分支世界排名前列的高等院校的研究

方向进行了汇总和提取，并根据词频将研究热门方向列于表5。三大学科领域中的世界顶尖院校都强调创新（innovation）主题的研究，建模（modeling）成为研究热门方向体现了顶尖院校的管理科学与工程学科对原始创新的重视。根据本文的三大分支分类标准（陈悦，2006），管理科学与工程、工商管理学科的研究方向存在交叉，从词频分析，企业家精神（entrepreneurship）和运营管理（operations management）在这两个分支学科都是热门研究方向。相较而言，国际上主要代表性国家关于工商管理学科的统计或界定要比中国宽泛很多。世界一流商学院学科专业大致包括中国学科目录中工商管理、管理科学与工程的主要二级学科及应用经济学下的金融学科（伊志宏，2020），这与工商管理和管理科学与工程学科的国际核心期刊呈现的研究热点相吻合。

数据分析（data analytics）与风险分析（risk analysis）则体现了管理科学与工程和数学、计算机科学等结合形成的"更科学"的特点，健康管理（health management）和物流供应链管理（logistics and supply chain management）是与新需求和产业融合的结果。热门研究方向中的会计学（accounting）、金融学（finance）、市场营销（marketing）、企业经济学（business economics）则是工商管理学科的传统优势方向。国际顶尖院校的公共管理领域则着重关注国际发展（international development）、公共政策（public policy）、公共管理（public management）、可持续发展（sustainable development）、政府治理（governance）和非营利组织（nonprofit）等具有普遍性的国际议题。

表 5　管理学科三大分支的世界顶尖院校研究热门方向

管理科学与工程	工商管理	公共管理
数据分析（data analytics）	会计学（accounting）	国际发展（international development）
建模（modeling）	金融学（finance）	公共政策（public policy）
物流供应链管理（logistics and supply chain management）	市场营销（marketing）	公共管理（public management）
创业（entrepreneurship）	创业（entrepreneurship）	可持续发展（sustainable development）
风险分析（risk analysis）	企业经济学（business economics）	政府治理（governance）
运营管理（operations management）	运营管理（operations management）	非营利组织（nonprofit）
健康管理（health management）	组织行为学（organizational behavior）	环境政策（environmental policy）
创新（innovation）	创新（innovation）	创新（innovation）

四　我国管理学科总体发展趋势与战略展望

（一）我国管理学科发展趋势

进入 21 世纪以来，数字经济的迅猛发展、技术变革速度的加快、保护主义和逆全球化的抬头等都对管理学科的发展趋势产生深远的影响。进入新发展阶段，特别是党的二十大以来提出建设世界一流的大学和学科以及伴随着新一轮科技革命的来临和国际关系的重构，管理学科正在迎接百年未有之大变局和新的发展机遇（李含琳，2021），处于在国内巩固学科领先位势、在国际上实现跨越式发展的关键时期。有两大因素为全球管理学科的未来发展提供了机遇：一是如何通过数字技术的有效利用，以数据为关键生产要素驱动企业组织的重大变革和运营，实现企业效率提升和价值创造，基于新技术的区域性与全球网络化走向协作与治理时代；二是随着中国经济、中国治理和中国企业的贡献进入新阶段和达到新高度，如何总结提炼中国公共治理、企业管理的经验，并形成不仅能够服务于中国情境，而且具有全球普遍性的研究成果和管理理论（黄如金，2007）。

基于过去十年管理学科的发展趋势分析，在新发展阶段，管理学科的学科交叉属性将进一步得到重视和彰显。数字经济背景下新技术（大数据/人工智能等）与管理（决策/运营/创新）的融合将成为重要趋势。对于管理科学与工程板块而言，在机器学习赋能的智能化供应链协调与优化、商务大数据场景下的计算行为学、数智化时代的管理信息系统研究等学科方向或研究领域都有可能取得重大成果。对于工商管理学科，基于大数据与人工智能的数字营销、消费者行为，企业数字创新与创业理论，企业数字化转型的战略理论、智能组织、人力资源，数字经济新模式下的企业会计、公司治理，以及基于中国情景的营销、组织与领导力、战略、创新与创业、会计与公司治理等理论，都极可能成为取得重大成果的方向。与此同时，作为一门诸多知识体系植根于西方公共管理的理论与经验的舶来学科，中国公共管理更应该从中国悠久的历史文化脉络中寻找根源，构建自己的知识体系。中国公共管理学科未来必须直面的重大理论与实践问题主要包括：政治与行政，即执政党与行政部门在治理体系中的职能分工；中国公共治理模式中政府－市场－社会的和谐共治问题；数字化转型与政府有效治理问题以及中国治理与全球治理的关系，即如何从学理的角度厘清中国治理与国际治理话语体系及其实质内涵的异同。

（二）我国管理学科发展战略展望

我国管理学科历史悠久、成果斐然，但同样存在诸多不足，同发达国家的管理学科相比，还存在一些值得重视的问题：一是原创理论产出不足，以跟进式研究为主；二是管理学科研究对于解决实际问题的支撑能力亟待提升；三是不同学科与管理学科的交叉和协同不够，管理学不同板块之间的融合也有待进一步加强。因此，面对新发展阶段下的新挑战和时代要求，管理学科须直面问题与不足，加快实现突破，以形成我国管理学科发展的新优势。

1. 突出原创，形成具有"实践智慧"特征的管理学体系

作为社会科学的核心学科之一，管理学是理论与应用相结合的学科，是经验知识与学术知识的集合。依据学科特征，更应突出"智慧"特色。智慧的产生需要基于知识的应用并沿承更底层的数据、信息和知识。从哲学的角度看，智慧主要指人们在人生观、世界观和价值观方面的表现和认知。哲学的贫困是我国管理学研究缺乏原创性成果、自主创新能力薄弱的重要原因。因此，加强哲学和逻辑学等基础学科的教育，是构建具备学术引领性和国际影响力的"中国特色"管理学理论体系的重要前提。从社会学的角度看，智慧主要指人在社会生活中的"明智性"，它以知识、经验、理解为基础，是作出正确判断和采取可靠行动的能力。亚里士多德定义的三种知识类型为实践智慧、理论知识、技能知识，后两种知识属于

客观的理智德性，与之相比，实践智慧涉及价值的判断，即"知其该当何然"。而从管理研究的角度，应更关注实践智慧（陈劲和阳银娟，2012）。因此，在方法论层面，一方面可以通过以溯因逻辑为核心的研究方法来探索中国管理实践背后的因果逻辑，另一方面也可以通过以归纳逻辑为核心的研究方法深挖中国管理实践，从而构建原创的、具有"实践智慧"特征的中国管理理论体系（杜运周和孙宁，2022）。

我国的管理科学与工程、工商管理和公共管理虽然都认识到数字化（主要由数据与信息驱动）对管理学发展的巨大影响，但进一步遵循"实践智慧"准则的能力还需大力提升，特别是在考核机制上要进一步摆脱牛顿、笛卡尔的理性、线性模式，促进注重伦理引领、理论与实践密切结合、具有实践智慧特征的成果的形成（白长虹，2022）。由于管理研究成果展现形式的不同，只有将管理研究评价的以实践为导向的"理论-应用"和以智慧为导向的"知识-智慧"进行二维整合，才能对管理研究做出更为科学的评价，引导和激发中国的管理学者进一步登上国际学术的大舞台。与管理理论和管理经验不同，实践智慧是一种长久的指导管理实践的哲学思想，同时也具有原创性。国际管理学科热门研究方向将创新摆在了突出的位置，因此我国的管理学科只有进一步从实践中沉淀智慧以强化原始创新，才能让其在新技术带来的生产力的迅速变革与不断变化的国际局势中更好地发挥指导作用。

2. 增强管理学科解决实际问题的能力

管理学也是科学的重要组成部分，在新发展阶段下管理学科的发展过程中，也应强化"四个面向"（王志刚，2020），特别是对国家重大需求及时有效地进行回应（万军杰和刘晓，2022）。当代管理学大师、经验主义学派代表人物德鲁克认为："管理就是界定企业的使命，并激励和组织人力资源去实现这个使命。界定使命是企业家的任务，而激励与组织人力资源是领导力的范畴，二者的结合就是管理。"（Drucker，2018）他认为管理是一种实践，其本质不在于"知"而在于"行"，其验证不在于逻辑而在于成果（Drucker，2012）。西方存在分科之学和形式逻辑的传统，不同于一门单纯地分析和认识客观世界的描述性科学（descriptive science）（刘迺强，2019a），普遍意义的管理学是具有应用价值的指导性科学（normative science）。中国管理思想传统中的"经世致用"以及"人本主义"思想则契合了管理学的本质含义。从管理学科发展的历程来看，"科学性"促进了管理学科的发展。但是从学科本质来看，管理学是多学科交叉融合的综合性学科群，是理论与实践的结合。管理学是需要通过实践去检验的科学，也是一门艺术。西方管理过度强调以物为本（刘迺强，2019b），而忽略了人是管理的主体这一本质。从管理学科的"弱"科学性特征和管理问题的实际需要出发，在学科发展过程中，应充分认识和尊重管理学科的特点以及现阶段中国管理问题研究的实际需要，"过度科学化"倾向不仅会造成学术研究与管理实践的脱节、管理教育与管理实践的脱节，而且会对管理实践产生误导，进而使学科发展走向歧途（杨俊等，2021）。当前，管理学体现出复杂化、计量化、国际化、跨学科化的新特征（史晓姣和马亮，2021）。即使是"科学性"最为突出的管理科学与工程学科，其国际热点研究课题与方向也与工商管理有很大的重叠，它不拘泥于"科学性"，不局限于理论方法的分析提取，而是以解决实际问题为导向。从发表文章数量来看，国际核心期刊对"科学性"更弱而实用性更强的工商管理学科更为青睐，基于中国情境而获得的管理学研究成果，应该被更多更好地提炼成"中国智慧"、"中国实践"和"中国方案"，用于启发中国管理学新研究方向，指导更多的中国管理实践。

我国的管理科学与工程、工商管理和公共管理学科研究虽然都逐渐认识到服务国家战略需求、增强社会服务的重要意义，但在实践方面需要进一步遵循管理学的"理论与实践双重性"准则（国家自然科学基金委员会，2012）。在不断追求理论原创的同时，根植于实践需求，从实践中提炼问题，高度关注成果的"实践性"，以期发挥管理学科"经世济民"的重大作用。

3. 加强学科交叉协同，形成"新管理学"体系

当今，管理对象的高度复杂性要求管理学超越以往基于牛顿经典力学科学范式和行为控制的线性、原子型管理思想，加快推进使命引领和内生体系驱动的非线性、动态性和整合性管理思想（韩子贵和孙绍荣，2006），呼唤管理学从传统的系统（system）观向体系（system of system，SoS）观转型（徐绪松，2017）。比如，航天科技、大型炼油装置等复杂产品体系必须运用更先进的体系观。中国哲学中的整体观和体系观对中国现代化建设和重大工程突破有着重要的引领作用。

自诞生以来，管理学经历了从工业经济时代关注"经济人"，以效率为导向追求理性与规范的第一代管理——科学管理，到聚焦"社会人"，以关注人的动机与需求的第二代管理——行为管理（Simon，2013），到以"知识人"为中心，关注知识的创新和发

展的第三代管理——知识管理（陈劲，2013），再到数智化时代围绕"伦理人"，以幸福和意义为导向的第四代管理范式——意义管理（陈劲，2021），最后形成当前最先进的以哲学、科技与文化相融合实现"全人"发展的第五代管理范式——整合管理的一系列的阶段范式跃迁（陈劲和尹西明，2019）。

  管理学科作为集体名词，应包括所有以人为中心的管理类学科。回溯管理学科的发展历程，工业革命带来的"科学管理"推动了广义的管理学科发展，管理科学与工程、工商管理和公共管理三大分支之间也在发展过程中相互影响。管理学科国际顶尖院校热门研究方向、英文核心期刊研究热点呈现三大分支之间明显的交叉与融合，因此难以严格区分和界定。虽然我国的管理科学与工程、工商管理和公共管理三大分支在各自的学科领域具有较强的国际竞争力，但进一步遵循"学科交叉"准则的能力还需大力提升，特别是在学科互鉴、学科资源共享方面。学科交叉领域往往孕育新的科学生长点和生长前沿，从而取得重大的、原创性的研究突破（路甬祥，2005）。因此，在当前与未来学科发展过程中，不仅要关注数字化对管理学科的影响（霍红等，2021），更要加强管理学科之间，特别是管理科学与工程、工商管理和公共管理三个分支之间的相互交叉与协同。促进不同学科与管理学之间的学科交叉，共同加强管理学科与数学、经济学、心理学、行为科学、法学、伦理学等"学科公地"的建设，从而形成更为协同融合的"新管理学"体系，才能让管理学科更好地适应快速发展的科学技术与不断变化的国际环境，进一步体现我国管理学的学科担当，提升中国管理学在世界范围内的话语权和影响力。

* 参考文献 *

白长虹 . 2022. 理论智慧与实践智慧 [J]. 南开管理评论，25（1）：1-2.
BAI C H. 2022. Theoretical wisdom and practical wisdom[J]. Nankai Business Review, 25 (1): 1-2.

蔡玉麟 . 2016. 也谈中国管理研究国际化和管理理论创新——向张静、罗文豪、宋继文、黄丹英请教 [J]. 管理学报，13（8）：1135-1149.
CAI Y L.2016. On internationalization of management research and innovation of management theory in China: consultation with Zhang Jing, Luo Wenhao, Song Jiwen, Huang Danying[J]. Chinese Journal of Management, 13 (8): 1135-1149.

陈楚湘，陈登，闫坤，等 . 2021. 基于 Cite Space 的管理科学与工程专业研究热点和趋势分析 [J]. 信息系统工程，（7）：54-57.
CHEN C X, CHEN D, YAN K, et al. 2021. Research hotspots and trend analysis of management science and engineering based on Cite Space[J].China CIO News, (7): 54-57.

陈春花 . 2010. 论形成"中国式管理"的必要条件 [J]. 管理学报，7（1）：7-10+16.
CHEN C H. 2010. Study on essential conditions for shaping Chinese-style management[J]. Chinese Journal of Management, 7 (1): 7-10+16.

陈劲，王鹏飞 . 2010. 管理学的新体系 [J]. 管理学报，7（11）：1730-1735.
CHEN J, WANG P F. 2010. New framework of management[J]. Chinese Journal of Management, 7 (11): 1730-1735.

陈劲，阳银娟 . 2012. 管理的本质以及管理研究的评价 [J]. 管理学报，9（2）：172-178.
CHEN J, YANG Y J. 2012. The essence of management and evaluation of management

research[J]. Chinese Journal of Management, 9 (2): 172-178.

陈劲，尹西明 . 2019. 范式跃迁视角下第四代管理学的兴起、特征与使命 [J]. 管理学报，16（1）：1-8.
CHEN J, YIN X M. 2019. The emergence, characteristics and mission of fourth-generation management under the paradigm shift perspective[J]. Chinese Journal of Management, 16 (1): 1-8.

陈劲 . 2021. 有意义管理的兴起 [J]. 清华管理评论，（11）：1.
CHEN J. 2021. The rise of meaningful management[J]. Tsinghua Business Review, (11): 1.

陈劲 .2013. 管理的"知识人"时代 [J]. 管理学家：实践版，（11）：102-103.
CHEN J. 2013. The era of "knowledge man" in management[J]. Management Expert: Practical Edition, (11): 102-103.

陈亚蕾 . 2020. 公共管理视域下的公共治理研究：进展、前沿与展望——基于公共管理学科 CSSCI 期刊的文献计量分析 . [J] 湖南社会科学，（3）：104-112.
CHEN Y L. 2020. Research on public governance from the perspective of public management: progress, frontier and prospect[J]. Social Sciences in Hunan, (3): 104-112.

陈悦 . 2006. 管理学学科演进的科学计量研究 [D]. 大连：大连理工大学 .
CHEN Y. 2006. The evolution of management: a scientometric study[D]. Dalian: Dalian University of Technology.

陈振明 . 2000. 评西方的"新公共管理"范式 [J]. 中国社会科学，（6）：73-82+207.
CHEN Z M. 2000. On the western paradigm of "new public management"[J]. Social Sciences in China, (6): 73-82+207.

陈振明 . 2018. 中国公共管理学 40 年——创建一个中国特色世界一流的公共管理学科 [J]. 国家行政学院学报，（4）：47-54+148.

CHEN Z M. 2018. 40 years of Chinese public administration: building up the world's top public administration discipline with Chinese characteristics[J]. Journal of Chinese Academy of Governance, (4): 47-54+148.

都佳璐. 2015. 中国古代管理思想的精髓分析[J]. 中小企业管理与科技（中旬刊），（3）：151-152.
DU J L. 2015. An analysis of the essence of ancient Chinese management thought[J]. Management & Technology of SME, (3): 151-152.

杜运周，孙宁. 2022. 构建中国特色的管理学理论体系：必要性、可行性与思路[J]. 管理学报，19（6）：811-820+872.
DU Y Z, SUN N. 2022. Constructing Chinese characteristic management theory system: necessity, feasibility and thoughts[J].Chinese Journal of Management, 19 (6): 811-820+872.

国家自然科学基金委员会，中国科学院. 2012. 未来10年中国学科发展战略：管理科学[M]. 北京：科学出版社.
NSFC, CAS. 2012. Development Strategy of Chinese Disciplines in the Next 10 Years: Management Science[M]. Beijing: Science Press.

韩子贵，孙绍荣. 2006. 管理理论的发展与行为控制模式的演变[J]. 经济管理.（14）：27-31.
HAN Z G, SUN S R. 2006. The development of management theory and the evolution of pattern about behavioral control[J].Economic Management, (14): 27-31.

何佳讯，葛佳烨，张凡. 2021. 中国学者管理学研究的世界贡献：国际合作、前沿热点与贡献路径——基于世界千种管理学英文期刊论文（2013～2019年）的定量分析[J]. 管理世界，37（9）：36-67.
HE J X, GE J Y, ZHANG F. 2021. The world contribution of Chinese scholars to management research from the perspective of international collaborations, frontier hotspots and contribution

approaches: a quantitative analysis based on a thousand of International English management journals（2013~2019）[J]. Journal of Management World, 37 (9): 36-67.

黄如金 . 2007. 和合管理：探索具有中国特色的管理理论 [J]. 管理学报，（2）：135-140+143.
HUANG R J. 2007. He-he management: an innovation of management theory with Chinese characteristics[J]. Chinese Journal of Management, (2): 135-140+143.

霍红，余玉刚，郑圣明，等 . 2021. 国家自然科学基金管理科学与工程学科的申请代码与学科布局：面向基础理论与时代变革 [J]. 管理世界，37（12）：208-217.
HUO H, YU Y G, ZHENG S M, et al., 2021. Application codes and discipline layout of NSFC's management science and engineering: towards fundamental theory and times transformation[J]. Chinese Journal of Management, 37 (12): 208-217.

贾佳，江彬彬，陆晴 . 2020a. 基于 NSFC 基金项目的工商管理研究布局分析 [J]. 科学观察，15（4）：12-28.
JIA J, JIANG B B, LU Q. 2020a. An layout analysis of scientific research of business management based on NSFC Funds[J]. Science Focus, 15 (4): 12-28.

贾佳，江彬彬，陆晴 . 2020b. 基于 NSFC 基金项目的管理科学与工程研究布局分析 [J]. 科学观察，15（3）：1-11.
JIA J, JIANG B B, LU Q. 2020b. An analysis on S&T configuration of management science and engineering based on NSFC Funds[J]. Science Focus, 15 (3): 1-11.

劳汉生，许康 . 2000."双法"推广：中国管理科学化的一个里程碑 [J]. 科学学研究，（2）：62-69.
LAO H S, XU K. 2000. The promotion of "double methods" is a milestone of scientific management in China[J]. Studies in Science of Science, (2): 62-69.

李含琳 . 2021. 习近平"百年未有之大变局"重要论述的历史形成逻辑 [J]. 甘肃社会科学，

（1）：163-170.

LI H L. 2021. The Historical logic of Xi Jinping's important argument: biggest change in a hundred years[J]. Gansu Social Sciences, (1): 163-170.

李晋，刘洪. 2011. 管理学百年发展回顾与未来研究展望——暨纪念泰罗制诞生100周年[J]. 外国经济与管理，33（4）：1-9.

LI J, LIU H. 2011. A review of the centennial development of management and prospects for future research: Commemorating the 100th anniversary of the birth of the Taylor System[J]. Foreign Economics & Management, 33 (4): 1-9.

刘曼. 2020. 工商管理学科演进与前沿热点的可视化分析[J]. 营销界，（12）：167-168.

LIU M. 2020. Visual analysis of the evolution and frontier hotspots of business administration discipline[J]. Marketing Circles, (12): 167-168.

刘迺强. 2019a. 中西方管理理念的分歧（上）[J]. 经济导刊，（1）：86-96.

LIU N Q. 2019a. Differences between Chinese and Western management concepts（Ⅰ）[J]. Economic Herald, (1): 86-96.

刘迺强. 2019b. 中西方管理理念的分歧（下）[J] 经济导刊，（2）：89-95.

LIU N Q. 2019b. Differences between Chinese and Western management concepts（Ⅱ）[J]. Economic Herald, (2): 89-95.

娄成武. 2021. 新时期中国公共管理学科的特点与发展趋势[J]. 公共管理与政策评论，10（4）：12-15.

LOU C W. 2021. Characteristics and development trend of china public management discipline in the new era[J]. Public Management and Policy Review, 10 (4): 12-15.

路甬祥. 2005. 学科交叉与交叉科学的意义[J]. 中国科学院院刊，（1）：58-60.

LU Y X. 2005. The significance of interdisciplinary and interdisciplinary science[J]. Journal of the

Chinese Academy of Sciences, (1): 58-60.

罗珉 . 2006. 论管理学复杂性范式 [J]. 管理科学，（1）：30-34.
LUO M. 2006. On the complexity paradigm of management[J]. Management sciences in China, (1): 30-34.

吕力 . 2011. 管理学的元问题与管理哲学——也谈《出路与展望：直面中国管理实践》的逻辑瑕疵 [J]. 管理学报，8（4）：517-523.
LV L. 2011. Meta-issues of management and management philosophy: discussion on logic defect of 'The Forecast: facing the Chinese management practice[J]. Chinese Journal of Management, 8 (4): 517-523.

苗莉 . 2012. 管理学百年回顾与展望——第 4 届"管理学在中国"学术研讨会述评 [J]. 管理学报，9（2）：184-194+203.
MIAO L. 2012. Retrospect and prospect on the occasion of 100th anniversary of management: review of 4th symposium on the Study of Management in China[J]. Chinese Journal of Management, 9 (2): 184-194+203.

冉士平，刘丁晓 . 2020. 关于管理科学与工程领域热点及发展趋势分析 [J]. 大众标准化，（12）：67-68+70.
RAN S P. LIU D X. 2020. Analysis of hot spots and development trends in management science and engineering[J]. Popular Standardization, (12): 67-68+70.

盛昭瀚，霍红，陈晓田，等 . 2021. 笃步前行 创新不止——我国管理科学与工程学科 70 年回顾、反思与展望 [J]. 管理世界，37（2）：185-202.
SHENG S H, HUO H, CHEN X T, et al. 2021. Moving forward with the everlasting progress of innovation: the review, reflection and prospect on seven decades of management science and engineering discipline in China[J]. Management World, 37 (2): 185-202.

史晓姣，马亮 . 2021. 中国公共管理研究的国际化：基于 2019 年英文期刊论文的分析 [J]. 公共管理评论，3（2）：160-180.
SHI X J. MA L. 2021. The internationalization of Chinese public administration research: an analysis of 2019 english-language journals[J]. Public Management Review, 3 (2): 160-180.

唐任伍，李楚翘 . 2021. 建党百年的公共管理：演进历程、学科建设与发展前沿 [J]. 经济与管理评论，37（2）：5-14.
TANG R W, LI C Q. 2021. Public management during 100 years of the communist party of China: evolution, discipline construction and development frontier[J]. Economic and Management Review, 37 (2): 5-14.

万军杰，刘晓 . 2022. 习近平关于新时代科技发展"四个面向"重要论断研究 [J]. 决策与信息，（1）：18-25.
WAN J J, LIU X. 2022. Research on Xi Jinping's important thesis on the "Four Faces" of the development of science and technology in the new era[J]. Decision & Information, (1): 18-25.

王志刚 . 2020. 坚持"四个面向"的战略方向 开启建设世界科技强国新征程 [J]. 旗帜，（10）：17-19.
WANG Z G. 2020. Adhering to the strategic direction of "Four Faces" and starting a new journey of building a world power in science and technology[J]. Qizhi, (10): 17-19.

吴家庆，唐林峰 . 2022. "习近平总书记关于'五位一体'总体布局和'四个全面'战略布局重要论述"研究述评 [J]. 党建，（5）：33-37.
WU J Q, TANG L F. 2022. Review of President Xi Jinping's research on the important discussion of the 'Five in One' overall layout and the 'Four Comprehensives' strategic layout[J]. CPC Building, (5): 33-37.

吴杰，姬翔，余玉刚，等 . 2022. 管理科学与工程学科"十四五"发展战略研究：学科界定与保障政策 [J]. 管理学报，19（1）：1-7.

WU J, JI X, YU Y G, et al. 2022. Research on the development strategy of management science and engineering discipline in the Fourteenth Five-Year Plan: discipline identification and security policies[J]. Chinese Journal of Management, 19 (1): 1-7.

吴伟伟. 2021. 2004—2020 年国家社科基金后期资助项目类别分析 [J]. 浙江大学学报（人文社会科学版），51（2）：174.
WU W W. 2021. Analysis of the categories of projects supported by the National Social Science Foundation from 2004 to 2020[J]. Journal of Zhejiang University (Humanities and Social Sciences), 51 (2): 174.

谢伏瞻. 2019. 加快构建中国特色哲学社会科学学科体系、学术体系、话语体系 [J]. 中国社会科学,（5）：4-22+204.
XIE F Z. 2019. Accelerate the construction of a disciplinary system, academic system, and discourse system for philosophy and social sciences with Chinese characteristics[J]. Social Sciences in China, (5): 4-22+204.

熊永清. 2013. 管理学 100 年 [M]. 长沙：湖南科学技术出版社.
XIONG Y Q. 2013. 100 Years of Management [M]. Changsha: Hunan Science and Technology Press.

徐绪松. 2017. 复杂科学管理：新时代呼唤新的管理理论 [J]. 清华管理评论,（11）：20-26.
XU X S. 2017. Complex scientific management: the new era calls for new management theories[J]. Tsinghua Business Review, (11): 20-26.

杨俊，赵新元，冉伦. 2021. 如何提升工商管理研究科学问题的需求属性？——以工商管理学科发展战略及十四五发展规划研究为例 [J]. 管理评论，33（4）：12-23.
YANG J, ZHAO X Y, RAN L. 2021. How to enhance the demand attribute of scientific issues in business management research: taking the development strategy of business administration and the 14th Five Year Plan as an example[J]. Manage Comments, 33 (4): 12-23.

伊志宏. 2020. 工商管理学科发展规律与发展趋势[J]. 大学与学科, 1（1）: 118-127.

YI Z H. 2020. The development law and trend of business administration discipline[J]. Universities and Disciplines, 1 (1): 118-127.

张静, 黄超平. 2019. 工商管理学科研究热点和演进历程的可视化分析[J]. 武汉冶金管理干部学院学报, 29（2）: 45-48.

ZHANG J, HUANG C P. 2019. Visual analysis of research hotspots and evolution of business administration discipline[J]. Journal of Wuhan Metallurgical Management Cadre College, 29（2）: 45-48.

张静静, 陈世香. 2022. 政治、行政与政策: 公共管理理论想象力与实践前进力的统一[J]. 湘潭大学学报（哲学社会科学版）, 46（1）: 72-80.

ZHANG J J, CHEN S X. 2022. Politics, administration, and policy: the unity of theoretical imagination and practical progress in public management[J]. Journal of Xiangtan University (Philosophy and Social Sciences Edition), 46 (1): 72-80.

张铄. 2022. "十四五"时期我国哲学社会科学发展研究——基于国家社科基金项目的分析[J]. 重庆社会科学,（1）: 123-136.

ZHANG S. 2022. Research on the development potential of social sciences during the 14th Five-year Plan period: based on national social science project[J]. Chongqing Social Sciences, (1): 123-136.

张玉利, 吴刚. 2019. 新中国70年工商管理学科科学化历程回顾与展望[J]. 管理世界, 35（11）: 8-18.

ZHANG Y L, WU G. 2019. Review and prospect of the scientific process of business administration in the 70 years of new China[J]. Management World, 35 (11): 8-18.

赵新元, 吴刚, 伍之昂, 等. 2021. 从跟跑到并跑——中国工商管理研究国际影响力的回顾与展望[J]. 管理评论, 33（11）: 13-27.

ZHAO X Y, WU G, WU Z A, et al. 2021. Retrospect and outlook of the journey from a follower to a neck-to-neck runner: the international influence of business administration research in China[J]. Management Review, 33 (11): 13-27.

朱鸿亮. 2021. 习近平新时代中国特色社会主义文化建设重要论述的理论体系研究[D]. 西安：西安理工大学.
ZHU H L. 2021. Research on theoretical system of Xi Jinping's important treatise on socialist culture with Chinese characteristics for a new era[D]. Xi'an: Xi'an University of Technology.

CHEN M, MILLER D. 2010. West meets east: toward an ambicultural approach to management[J]. Academy of Management Perspectives, 24 (4): 17-24.

DRUCKER P F. 2012. The Practice of Management[M]. New York: Routledge.

DRUCKER P F. 2018. The Effective Executive[M]. New York: Routledge.

FAYOL H. International Management Institute[M]//COUBROUGH J A. 1930. Industrial and general administration. London: Sir I. Pitman & Sons, Ltd.

HOFFMAN G M. 1975. Management: tasks, responsibilities, practices. In: JSTOR.

SIMON H. A. 2013. Administrative Behavior[M]. New York: Simon and Schuster.

TAYLOR F W. 1915. The Principles of Scientific Management[M]. New York and London: Harper & Brothers.

WREN D A, BEDEIAN A G. 2020. The Evolution of Management Thought[M]. New York: John Wiley & Sons.

Prospect on Development Strategy of Management Discipline in China in New Development Stage

Chen Jin　Chen Yue　Xiao Yiqun　Zhu Ziqin

Abstract: In new era, the development of management disciplines in China can not only provide key assistance in China's major development fields, but also be of great significance to enhance China's international voice. In chronological order, this work reviews the development of Management Science and Engineering, Business Administration and Public Administration at home and abroad. Through comparing and analyzing the key themes and evolutionary trends of international and domestic management discipline research during 2012-2022, as well as the summary of the popular research directions of top international universities, this work further looks forward to the overall development strategy of China's management discipline in the new development stage: highlighting originality, forming a management system with the characteristics of "practical wisdom", enhancing the ability of management discipline to solve practical problems, and strengthening the cross coordination of various management disciplines to form a "new management" system.

Keywords: Management Discipline; Original Innovation; Interdisciplinary; New Management

中国管理：推进高质量发展的重要力量

吴照云　黄　欣　巫周林　肖智良

摘　要：本文通过分析中国管理与高质量发展的内涵，发现管理学科定位与高质量发展追求整体增量的内在要求高度契合，都表现出普遍性与特殊性的统一：一方面，高质量发展需要刷新时间、辐射空间，遵循"五大发展理念"构建质化量化相结合的评价指标；另一方面，管理理论需要促进本土、服务世界，在科学性与艺术性的平衡中共同寻求人类难题的答案。未来中国管理应扎根中华优秀传统文化与当代管理情境，通过"两个结合"服务中国式现代化道路，成为推进高质量发展的重要力量。

关键词：中国管理　高质量发展　中国式现代化

一　引言

党的二十大报告指出："高质量发展是全面建设社会主义现代化国家的首要任务。"① "高质量发展"于党的十九大首次提出，标志着我国经济发展从"数量追赶"转向"质量追赶"，从"规模扩张"转向"结构升级"，从"要素驱动"转向"创新驱动"，从"分配

作者简介：吴照云，博士，江西财经大学中国管理思想研究院教授、博士生导师，研究方向为中国管理思想；黄欣，江西财经大学工商管理学院硕士研究生，研究方向为东方管理与企业战略；巫周林，江西财经大学工商管理学院硕士研究生，研究方向为东方管理与企业战略；肖智良，江西财经大学工商管理学院硕士研究生，研究方向为东方管理与企业战略。

① 习近平：《高举中国特色社会主义伟大旗帜　为全面建设社会主义现代化国家而团结奋斗——在中国共产党第二十次全国代表大会上的报告》，https://www.gov.cn/xinwen/2022-10/25/content_5721685.htm，2022-10-25。

失衡"转向"共同富裕",从"高碳增长"转向"绿色发展"(王一鸣,2020)。相较于高速发展,高质量发展是更有效率、更加公平、更可持续的发展,其全方位与多层次的发展要求决定了其评价指标既有经济指标,也有文化建设、人民生活、法治安全等社会人文指标,前者可以有放之四海而皆准的评价标准,后者则需要因地制宜找出符合各国国情的道路。高质量发展对系统增量的需求与管理学谋求以有限资源实现最大效益不谋而合,因此中国特色的高质量发展道路需要中国管理,需要从中华优秀传统文化、红色革命文化与社会主义先进文化的发展路径中找出中国管理的核心特征,构建符合中国国情的高质量发展人文评价指标,继而推进经济指标的稳步提升与民生福祉的持续改善。

本文立足"中国管理"和"高质量发展"两大概念,从管理学视角与传统文化视角解读中国管理的内涵与特点,分析高质量发展的内涵与评价指标,并在整合目前"高质量发展"测量指标的基础上构建测量矩阵,找到中国管理和高质量发展的内在一致性,继而探讨如何用中国管理推动高质量发展。

二 相关概念和内涵

(一)中国管理的内涵与特点

中国管理指的是具有中国民族性与特殊性的管理理念、方法和实践,其既体现了中国的历史文脉和价值选择,又有为世界管理所认同的共性因素。不能把"中国管理"简单地看成由"中国"和

"管理"两个词构成。一方面，应该把中国管理视作根植于中国文化的管理概念，避免直接套用西方管理理论的框架去剖析中国文化中的管理思想，以至于破坏中国管理思想内在的逻辑性，将史书典籍断章取义乃至诠释得面目全非，最终沦为西方管理理论的注解和案例（吴照云，2021）；另一方面，强调"中国"二字的目的不是与西方分庭抗礼，而是在"打铁还需自身硬"的同时，从另一个角度对人类共同面临的管理难题提出中国的主张与方案，推动中西方互进互促、齐头并进。总的来说，中国管理与传统文化水乳交融，既有不变的内核又有发展的外延。

1. 根植传统文化

管理作为一种实践行为，在生活实践的日常活动中产生，既是文化的一部分，又受文化烙印的影响，其中经受住时间考验，颇为"优秀"的一部分在人民的选择中得以传承至今（吴照云等，2023）。在汉武帝"罢黜百家，独尊儒术"后，儒家思想成为传统文化的主流，但这并不意味着其他思想流派都消失了，道、法、兵、墨各家管理思想融入儒学体系，逐渐形成以儒家思想为主、各家思想为干的"新儒学"，在相辅相成中影响传统文化与管理实践的发展（成中英，2011）：儒家思想的"礼治""德治""仁治"塑造出以德为先、仁者爱人的管理前提，道家思想的"无为而治""道法自然"指向了使民自化、使国自正的管理目标，法家思想的"法布于众""刑无等级"代表了定分止争、兴功惧暴的管理功能，兵家思想的"水无常形""谋定后动"展示出知己知彼、因势利导的管理权变，墨家思想的"兼爱非攻""节用尚贤"则蕴含着化敌为友、以文化人的管理手段，在今天的管理实践中遗风尚存。

2. 强调以人为本

人是社会历史发展的主体，也是管理实践的主体。中西管理都高度重视人在管理中的角色与价值，但侧重点各有不同。西方管理以"经济人"或"社会人"为人性假设，将人视作过程管理要素，而中国管理用"以人为本"的中心思想构建理论体系（苏东水和彭贺，2006），以"主体人"和"道德人"作为分析依据，旨在实现从"控制人"到"发展人"的转变，人是归宿而非过程（程霖和谢瑶，2023）。"以人为本"一词最早出自《管子·霸言》："夫霸王之所始也，以人为本。本治则国固，本乱则国危。"古代中国的治国理政希望通过管理为百姓提供安居乐业、不饥不寒的生活环境与年年有余、老有所养的民生福祉（费孝通，2021），在现代中国的企业管理中，如何尊重人、关心人、培育人、信任人，如何为员工的成长和实现自身价值创造条件，如何使员工与企业融为一体，如何在技术革命浪潮的席卷下保持"科技向善"，同样是"以人为本"的重大课题（曹新和刘能杰，1999）。

3. 提倡渐变创新

对文脉传承的重视以及对以人为本的坚守，让许多跨学科研究误将中国管理同循规蹈矩和因循守旧画等号，但若只是简单黏合古代教条与现代情境，则无法解释中华文明为何能够传承至今，因此中国文化与中国管理中必然内嵌创新元素。概念上的"创新"出自《辞海》，亦作"刱新"，一指敢为人先的首创，二指推陈出新的创造，与组织管理中实现新要素与新条件"新结合"的创新职能相契合（周三多等，2020）。"日新之谓盛德"（《周易·系辞上》)、"周虽旧邦,其命维新"(《诗经·大雅·文王》)、"穷则变,变则通,通则久"(《周易·系辞上》)等思想,更是表达了对创新的重视。但与工业文明情境倒逼需要快速响应的颠覆式创新不同,农耕文明的大一统国家拥有不同于流量变现的"超稳质化","大杂居,小聚居"的人口分布特征又使其整体情境与局部情境间存在差异,因此为消解内部冲突,其创新往往带有"徐而不速"的渐进式特点。

(二)高质量发展的内涵与评价指标

《辞海》中"质量"一词有两层含义:一是事物、产品或工作的优劣程度,如商品质量、教学质量、建筑质量;二是量度物体所含物质多少的单位物理量。高质量发展中"质量"的释义更偏向于前者,强调发展的合理性与对多元需求的满足。

1. "五大理念"的发展体系

目前,国内学界对高质量发展内涵的诠释很多,不完全统计如表1所示。这些诠释大致可分为三个视角。一是发展目标视角,将高质量发展定义为生产要素投入少、资源配置效率高、资源环境成本低、经济社会效益好、人民幸福感提升的可持续的发展,是以质量和效益为基础的发展(王永昌和尹江燕,2019;李金昌等,2019;田秋生,2018)。二是发展维度视角,认为高质量发展是以新发展理念为指导,不断提高全要素生产率,促进经济、政治、文化、社会、生态等全面提升的发展,以质量高、效率高、稳质化高为维度,是经济发展质量的升级版(任保平,2018;周振华,

2018；国家发展改革委经济研究所课题组，2019）。三是价值遵循视角，认为高质量发展就是走遵循经济发展规律的科学发展道路、遵循社会发展逻辑的文明发展道路、遵循生态发展的可持续发展道路，是经济效益、社会效益、生态效益的科学发展（李梦欣和任保平，2019；任保平和李禹墨，2018）。

表1 部分学者对高质量发展的内涵解读

年份	作者	对高质量发展的内涵解读
2018	周振华	高质量发展是在新的发展理念指导下，通过社会再生产过程中的创新型生产、高效性流通、公平公正分配、成熟消费之间高度协同，不断提高全要素生产率，实现具有经济内生性、生态性和可持续性的有机发展
2018	任保平	高质量发展是以改革开放精神为支撑，以"创新+绿色"作为经济增长新动力的发展，是经济发展质量的高级状态，是中国经济发展的升级版
2018	贺晓宇、沈坤荣	中国经济的高质量发展，是坚持质量第一、效益优先的新型发展
2018	田秋生	高质量发展，就其本质和内涵而言，是一种新的发展理念，是以质量和效益为价值取向的发展
2018	陈昌兵	高质量发展的根本在于创新驱动，提高劳动生产率和全要素生产率
2018	刘志彪	高质量发展是国民经济系统从量到质的本质性演变，是由系统中的许多因素共同作用、综合推动的发展结果
2019	王永昌、尹江燕	所谓高质量发展，就是按照"创新、协商、绿色、开放、共享"五大发展理念，能够很好满足人民日益增长的美好生活需要，生产要素投入少、资源配置效率高、资源环境成本低、经济社会效益好的可持续的发展
2019	孙学工、郭春丽、李清彬、王蕴	高质量发展的核心内涵是供给体系质量高、效率高、稳质化高。经济高质量发展就是以高效率高效益生产方式为全社会持续而公平地提供高质量产出的经济发展
2019	张军扩、侯永志、刘培林、何建武、卓贤	高质量发展的本质内涵，是以满足人民日益增长的美好生活需要为目标的高效率、公平和绿色可持续的发展

续表

年份	作者	对高质量发展的内涵解读
2019	赵剑波、史丹、邓洲	高质量发展是能够满足人的多层次需求,既为人民提供高质量的产品和服务以满足人的基本需要,也要保障公平正义,为人的自我实现创造社会环境和基本条件的发展
2019	李梦欣、任保平	中国高质量发展是由低层次向高层次跳跃,是由低水平向高水平迈进,更是由数量积累向质量提升转型,从衰微向鼎盛动态变迁的过程,是包含了高层次、多维度、全方位的分力博弈与合成,是一种涉及多变量的长期动态演进
2019	李金昌、石龙梅、徐蔼婷	高质量发展是以"满足人民日益增长的美好生活需要"为根本目的,以"五大发展理念"为根本理念,以"创新"为根本动力,以"持续"为根本路径,以"高质量"为根本要求,涵盖各个领域的发展
2020	赵涛、张智、梁上坤	高质量发展的核心内涵是创新、协调、绿色、开放、共享组成的新发展理念,涉及社会经济各个领域

综上所述,本文将高质量发展定义为以满足人民日益增长的美好生活需要为目标,以"创新为第一动力、协调为内生特点、绿色为普遍形态、开放为必由之路、共享为根本目的"[①]的全面发展,具有高效、公平、可持续的基本特点。

2."质化量化"的评价标准

自党的十一届三中全会提出把党和国家工作重心转移到社会主义现代化建设上以来,国内学界对发展质量测度的讨论经久不衰。改革开放至今的40余年间,在中国特色社会主义现代化的对外开放起步阶段（1978—1993年）、全面发展阶段（1993—2007年）、创新发展阶段（2007年至今）三个不同历史阶段,发展质量的评价指标也不尽相同（李金昌等,2019）：在积极响应党中央"以经

---

① 《中共中央关于党的百年奋斗重大成就和历史经验的决议》,https://www.gov.cn/xinwen/2021-11/16/content_5651269.htm,2021-11-11。

济建设为中心"号召的对外开放起步阶段,评价指标体系主要聚焦经济发展质量,涉及社会结构、人口素质、经济效益、生活质量、社会劳动生产率、人均国内生产总值等经济指标(国务院发展研究中心管理世界杂志社等,1992);在全面发展阶段,发展质量评价指标体系除了聚焦经济发展质量,还涉及社会信任度、人际友爱度、生活质量、民主法制等社会指标;在注重平衡协调可持续发展的创新发展阶段,评价指标加入了"创新、协调、绿色、开放、共享"五大发展理念,涉及科技进步、产业升级、生活福利等经济社会复合指标,并成为衡量高质量发展的重要指标(不完全统计如表2所示);这些研究或直接将"创新发展、协调发展、绿色发展、开放发展、共享发展"作为研究中国高质量发展的一级测度指标(程清雅,2023;孙豪等,2020;苏永伟和陈池波,2019;聂长飞和简新华,2020),或在此基础上加入"综合质效""保障系统"等指标构成评价体系(吴志军和梁晴,2020;徐银良和王慧艳,2020)。

表2 部分学者对高质量发展衡量指标体系构建的观点

年份	作者	高质量发展衡量指标体系构建	
2018	魏敏、李书昊	一级指标	经济结构、创新驱动、资源配置、市场机制、增长稳定、协调共享、产品质量、基础设施、生态文明、经济成果惠民
		二级指标	产业结构、创新投入、资本效率、经济主体多元、产出稳定、地区共享水平、服务优质、硬件设施完善、绿化环保、收入福利等共53项指标
2018	任保平、李禹墨	指标体系、政策体系、标准体系、统计体系、绩效评价体系、政绩考核体系	

续表

年份	作者		高质量发展衡量指标体系构建
2019	苏永伟、陈池波	一级指标	质量效益提升、结构优化、动能转换、绿色低碳、风险防控、民生改善
		二级指标	地区生产总值增长率、城乡居民收入比、森林覆盖率、人均可支配收入与人均GDP之比等共27项指标
2019	张军扩、侯永志、刘培林、何建武、卓贤	一级指标	高效、公平、可持续
		二级指标	居民可支配收入中位数、平均受教育年限、本地环境质量满意度等共16项指标
2019	李金昌、史龙梅、徐蔼婷	一级指标	经济活力、创新效率、绿色发展、人民生活、社会和谐
		二级指标	GDP增长率、高技术产业增加值占比、优质可耕地占比、社会保障指数、基尼系数等共27项指标
2019	师博、张冰瑶	一级指标	发展基本面、发展的社会成果、发展的生态成果
		二级指标	发展强度、教育、医疗、气体污染等共10项指标
2020	孙豪、桂河清、杨冬	一级指标	创新发展、协调发展、绿色发展、开放发展、共享发展
		二级指标	GDP增长率、需求结构、单位GDP能耗、对外贸易依存度、劳动者报酬比重等共20项指标
2020	徐银良、王慧艳	一级指标	经济系统、创新系统、协调系统、绿色系统、共享系统、保障系统
		二级指标	经济规模、创新资源、城乡协调、环境治理、社会保障、社会安定等共25项指标
2020	吴志军、梁晴	一级指标	综合质效、创新发展、协调发展、绿色发展、开放发展、共享发展
		二级指标	劳动生产率、研究与试验发展（R&D）人员投入强度、常住人口城镇化率、森林覆盖率、对外直接投资占地区生产总值比重、平均寿命等共33项指标
2020	简新华、聂长飞	一级指标	产品和服务质量、经济效益、社会效益、生态效益、经济运行状态
		二级指标	优等品率、劳动效率、人口总抚养比、人均能源消费量、GDP增长率等共64项指标

续表

年份	作者		高质量发展衡量指标体系构建
2020	郭芸、范柏乃、龙剑	一级指标	发展动力、发展结构、发展方式、发展成果
		二级指标	技术进步、产业结构、资源节约、经济发展等共 10 项指标
2021	万广华、吕嘉滢	一级指标	人民生活、经济发展、社会发展
		二级指标	收入状况、经济增长、社会公平等共 15 项指标
2022	任海军、崔婧	一级指标	经济基本面、生态环境、教育水平、就业质量、医疗水平、城市建设、城乡协调
		二级指标	人均 GDP、单位废水排放量、在校大学生人数占比、参保职工比例等共 19 项指标
2023	程清雅	一级指标	创新发展、共享发展、开放发展、绿色发展、协调发展
		二级指标	创新投入、政府扶持、国际交流、绿色资源、区域协调等共 13 项指标

综上所述，本文认为应以"五大发展理念"为理论参考，从量化与质化两个角度进行测度指标划分。其中量化指标包括"经济发展"与"创新发展"，质化指标包括"协调发展""共享发展"。前者对应生产力，后者对应生产关系。"绿色"理念因技术跃迁与空间协同的兼而有之，可以分化在质化与量化指标中予以讨论。

三 测度指标解读

与《易经》"一阴一阳之谓道"的"对立互补"原则相似（谢佩洪和魏农建，2012），量化与质化并非二元对立，而是彼此交融，因此本文以"跨越时空，超越国度"为价值准则，在选用的量化评价指标（"创新发展"与"经济发展"）与质化评价指标（"协调发展"与"共享发展")上构建起一个2×2模型(见图1)。其中,包括立体协同创新(区域①)、内外创新共享(区域②)、内部时空增量(区域③)和外部时空共享(区域④)共四个区域八个二级指标。

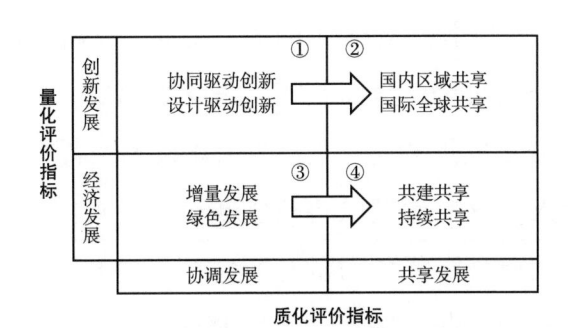

```
                    ┌─────────────┬─────────────┐
          创新       │ ①           │ ②          │
          发展       │ 协同驱动创新 →│ 国内区域共享 │
量化                 │ 设计驱动创新  │ 国际全球共享 │
评价                 ├─────────────┼─────────────┤
指标      经济       │ ③           │ ④          │
          发展       │ 增量发展    → │ 共建共享    │
                    │ 绿色发展     │ 持续共享    │
                    ├─────────────┼─────────────┤
                    │  协调发展    │  共享发展   │
                    └─────────────┴─────────────┘
                         质化评价指标
```

图1 量化与质化测度指标二维模型

(一)立体协同创新与内外创新共享

"创新是引领发展的第一动力。抓创新就是抓发展,谋创新就是谋未来。"[①] 创新注重的是解决发展动力问题,协调注重的是解决发展平衡问题,因此需要协调水平的协同驱动创新与垂直的设计驱动创新,以立体协同创新促进创新全面发展。

1. 以区域协同创新驱动国内全面创新,促进国内区域共享

目前,我国区域协调高质量发展面临着基础条件不平衡、创新能力不平衡等问题(魏后凯等,2020),其关键在于如何实现资源的

---

① 习近平总书记在中国科学院第十七次院士大会、中国工程院第十二次院士大会上的讲话,https://www.gov.cn/xinwen/2014-06/09/content_2697437.htm,2014-06-09。

互补与区域间扶持。创新驱动发展是以知识、技术等为主要驱动要素，以实现内生的可持续经济发展为目标的发展（王海燕和郑秀梅，2017）。校企合作人才双向输送计划、干部援疆计划、大学生西部计划等人才建设计划，都是想要以人才驱动区域创新来实现优势资源互补，并用西气东输、西电东送等重大工程加速区域资源整合。

"发展"与"共享"是一体两面。党的十八届五中全会以来，国家致力于"全民共享，全面共享"理念的落实，致力于提高人民生活质量。以城乡发展为例，"大学生建设家乡潮"与"企业家回乡创业潮"等人才返乡计划以科技创新迈开乡村振兴的步伐；一些企业也积极运用自身资源和力量有所作为，提升了人民幸福感，如中国邮政无惧道阻且长，践行"人民邮政为人民"，承诺"只要在中国境内，使命必达"，移动公司在雪山顶上建设基站，等等。区域环境的差异并不意味着对美好生活向往的缺失，推动区域协同创新发展，让发展成果更多更公平地惠及全体人民，是创新发展与成果共享的意义所在。

2. 以设计驱动创新辐辏国际创新发展，促进国际全球共享

创新协调发展需要处理水平层面的区域协同，也需要重视纵向层面的联络反馈，做好顶层设计。有别于市场拉动式创新和技术推动式创新，设计驱动创新是一种基于社会文化创新，由内向外进行意义创造的创新方式（陈劲和郑刚，2021；陈雪颂和陈劲，2016）：创新协调发展需要强化顶层设计，由中央自上而下锚定方向、统揽全局、协调各方，由基层自下而上反馈发展进度与难点，上下一心壮大本土经济体量与增进民生福祉。

与此同时，创新顶层设计还需"以中国为观照、以时代为观照",推动国内国际双循环。中国作为负责任、敢担当的创新大国,从不吝于与其他国家分享科技创新成果。从中医药的针剂转化,到杂交水稻的无偿输出,再到作为"外交名片"的中国高铁,中国不但在世界范围内致力于解决医疗、粮食与交通难题,其"万物负阴以抱阳,冲气以为和""惟天阴骘下民,相协厥居""百姓昭明,协和万邦"等精神价值也得到了世界的认可。

(二)内部时空增量与外部时空共享

1. 以经济协调发展实现经济增量发展,促进全民共建共享

高质量发展是新发展阶段经济发展最重要的特征(王一鸣,2020)。高速增长阶段与高质量发展阶段在动力机制上有所区别,但其本质含义都是生产力的增量(金碚,2018),要分好"蛋糕"首先要做大"蛋糕",最重要的是要协调人与人之间的差距,其具体表现为收入差距与生活水平差距。对此,党中央提出了"保障最底层、提低扩中层、激励较高层"的共富发展导向:底层用政策扶持贫困群体脱贫,引进企业形成优势产业来解决就业并防止返贫;中层深化体制改革激励创新创业,优化政法体系保障低收入群体生活水平;高层加快完善产权制度保障既得资源,健全各类生产要素参与分配机制(刘培林等,2021)。

习近平总书记指出:"共享是共建共享""共建才能共享,共建的过程也是共享的过程"。[①] 唯有坚持"发展为了人民,发展依靠

[①] 习近平在省部级主要领导干部学习贯彻十八届五中全会精神专题研讨班开班式上的讲话,http://jhsjk.people.cn/article/28065200,2016-01-19。

人民"①，发挥人民群众积极主动性，形成"人人参与、人人尽力、人人都有成就感"②的生动局面，才能实现国家富裕、社会和谐、人民幸福的中国特色社会主义现代化。

2. 以经济绿色发展带动全面健康发展，保障全民持续共享

习近平总书记指出："绿水青山就是金山银山，保护环境就是保护生产力，改善环境就是发展生产力。"③经济绿色发展主要是指能同时产生环境效益和经济效益的发展模式，即注重经济的环保性与环保的经济性（王玲玲和张艳国，2012）。首先是经济的环保性，需要加速促进经济发展方式转变，推动高污染产业转型升级，辅以体制机制建设改变以环境代价换取经济收益的模式；其次是环保的经济性，要辨识出"绿水青山"中蕴藏的经济潜力，认识到"从绿掘金"的可能性。例如多地依托文旅产业实现经济创收并脱贫致富，对环境污染的治理、对新能源的开发、对绿色产品的研发等环保举措也可成为新的经济增长点。

"发展成果由人民共享"不是某一代的问题，而是多代持续问题，更应做到"可持续共享"。人是自然界的一部分，没有自然界，就没有人类赖以生存的空间，因此，才有伏羲、姬昌、孔子"三圣治易"，开天地、绘八卦、著十翼"制器尚象"以应"天人之变"，继有老子"天地不仁，以万物为刍狗"的警世恒言与庄子"同与禽

---

① 习近平总书记在第七十六届联合国大会一般性辩论上的讲话，http://paper.ce.cn/jjrb/page/1/2021-09/22/02/2021092202_pdf.pdf，2021-09-21。

② 习近平总书记在中国共产党第十九届中央委员会第一次全体会议上的讲话，https://news.12371.cn/2017/12/31/ARTI1514699033042788.shtml?t=636520352092187500，2017-10-18。

③ 习近平总书记在二十国集团工商峰会开幕式上的主旨演讲，http://jhsjk.people.cn/article/28689036，2016-09-03。

兽居，族与万物并"的至德之世。唯有人与自然和谐相处、休戚与共，人类繁衍生息、安定发展才能具备最根本的保障。

简言之，高质量发展依靠经济基础促进创新发展，创新驱动经济发展，协调生产力与生产关系，实现立体协同创新与内部时空经济增量。中国的高质量发展应在保证本国发展的基础上带动其他国家发展，努力做到让发展成果惠及全世界，在书写中国新篇章的基础上开启全球新篇章。

四 中国管理与高质量发展

（一）中国管理与高质量发展的内在一致性

1. 创新一脉相承

中华文明源远流长，展现了中华民族的创造力和中华文化生生不息的创新精神。这种创造力和创新精神源自中国传统文化的核心。中华优秀传统文化以《周易》为源头之一，在不易、简易、变易的"三易"原则中奠定了尊重个性、寻求共性、自强不息、追求创新的理论基础，在先秦诸子与后世百家中不断传承（李映山，2005；杨虹，2000），创新与传承是民族生存和发展的一体两翼，无创新，民族文化缺乏活力，无传承，创新成果无法累积（李光福，2010）。

习近平总书记曾用五个"着力"对新发展理念作出全面阐述，即着力实施创新驱动发展战略，着力增强发展的整体性协调性，着力推进人与自然和谐共生，着力形成对外开放新体制，着力践行以人民为中心的发展思想。① 其中，实施创新驱动发展战略处于首要位置，旨在统领新发展理念的其他方面。可见，创新驱动发展是我国实现高质量发展的前提和保障，以创新驱动发展为主要特征的高质量发展是推进中国式现代化的必由之路。

总的来说，中华优秀传统文化中强调的创新、变通和扬弃思维，是洗尽铅华的智慧传承，为中国管理和高质量发展提供了独特的思维方式和价值观支持。这种内在一致性促使中国在管理和发展中能够充分发挥创新力量，实现经济持续增长和社会进步。

2.贯彻"全人"管理

"全人"是整合范式下第四代管理学的重要价值遵循（陈劲和尹西明，2019a）。从古典管理的"经济人"假设，到现代管理的"社会人"假设，再到后现代管理的"知识人"假设，直至整合管理的"新智人"假设，对"人"这一管理主体的认识日渐全面，其在管理中的地位与日俱增，呈现生产力与生产关系的互补与进步，即从工具理性到价值理性的交互与跃迁，与高质量发展的经济学与社会性相统一。

工具理性是"全人"发展的技术支持，具有相对普适性。随着中国创新驱动发展战略的深入实施，云计算、人工智能、区块链等高新技术蓬勃发展，"中国发展正从需求驱动走向创新驱动，从引入模仿与追赶为主迈向超越追赶引领创新"（陈劲和尹西明，2019b）。从古代的《天工开物》、近代的"洋务运动"，到现代的VR产业，我国从来都没有排斥文明利器的增加，但关键在于其是

---

① 习近平在省部级主要领导干部学习贯彻十八届五中全会精神专题研讨班开班式上的讲话，http://jhsjk.people.cn/article/28065200，2016-01-19。

否能满足"人"这一主体的多样化需求，但正如《论语》所说，对人需求的满足应"从心所欲不逾矩"，这就需要在工具理性上施加价值理性约束，如《大学》"正心诚意，格物致知"的修身之道，《论语》"恭、宽、信、敏、惠"的立德品质，《道德经》"虚其心，实其腹，弱其志，强其骨"的圣人之治等。

总的来说，中国管理与高质量发展都要求在增加文明利器的同时深化对文明意义的理解，以道驭术推进"全人"管理，结合"一带一路"倡议、"人类命运共同体"构建等，真正让中国管理理论成为世界的管理理论，让中国高质量发展成果惠及世界。

（二）以中国管理推进高质量发展

既然中国管理与高质量发展存在内在联系与目标一致性，那么便能通过管理理论创新推进高质量发展。而管理理论创新需要兼顾内容创新与时空创新，抓住理论与实践这两大内容，随时空转变继往开来，在创造性转化与创新性发展中从"拿来主义"走向自主创新（见图2）。

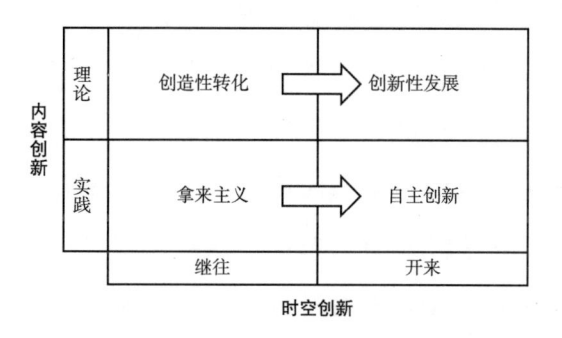

图2 中国管理的内容创新与时空创新

1. 管理理论创造性转化与创新性发展

创造性转化，就是要按照时代特点和要求，对那些至今仍有借鉴价值的内涵和陈旧的表现形式加以改造，赋予其新的时代内涵和现代表达形式（王艺霖，2016），即扎根中华优秀传统文化，阐发具有时代意义与普世价值的思想内核，辅以现代话语体系使其服务于新时代发展。首先是思想梳理与筛选，将古代各家理论中陈旧过时的观点摒弃，对具备借鉴意义的思想进行转化，清醒回应"虚无论"与"复古论"的片面理解；其次是思想碰撞与交融，在充分理解根植于不同文化土壤的管理思想差异的前提下取各家之所长，实现中西互鉴交流，理性回应"西化论"与"中化论"的偏见；最后是思想存在形式探讨，要兼顾管理智慧的工具理性与价值理性，让知行合一惠及各方，化解"原子论"与"系统论"的冲突（吴照云等，2023）。

创新性发展，就是按照时代的新进步新进展，对中华优秀传统文化的内涵加以补充、拓展、完善，增强其影响力和感召力（王艺霖，2016），即承接"创造性转化"的成果并将其融会贯通。一是企业从传统文化中提取管理元素融入企业文化，形成企业经营之道，如方太从儒家礼法中思考企业"家"组织的构建，树立"仁者无忧、智者不惑、勇者不惧"的企业价值观，德生科技从《弟子规》中提炼"孝道"思想，倡导企业向"大家庭"发展；二是高校作为国家生力军的培养基地，设立中国管理思想研究、东方管理研究中心等教研机构，开设中国文化与当代管理、中国管理哲学、中国管理实践前沿、兵家管理思想等国学与管理课程；三是期刊面向广大社会群体选择传播信息、保障传输质量，包括开设"高质量发展与中国式现代化""中华优秀传统文化与中国式现代化"等研究专栏。

2. 管理实践由"拿来主义"转向自主创新

管理理论是管理实践发展的产物。改革开放以来，国内企业纷纷学习工业模式下的管理理论，以求企业快速发展。但随着管理实践的深入，发轫于工业文明的管理理论难以完全适应中国情境，扩展、修正西方理论而回避中西管理情境的差异难以满足现实管理实践需求（徐淑英和张志学，2005），全盘吸收的"拿来主义"或依据中国情境修补西方理论始终不是"最优解"。中国管理实践需要正视中国复杂独特的管理环境、人文背景、理念习俗与历史路径等，由"拿来主义"转向自主创新（吕力，2009）。

企业家深耕管理实践，是管理思想的践行者和创造者，企业则是管理实践的"富矿"。海尔的"人单合一"、华为的"灰度哲学"、腾讯的"科技向善"、方太的"三品合一"、小米的"与时偕行"等企业案例的成功经验，不仅说明了中华文化的与日俱新，更说明了中国管理实践自主创新、走向世界的潜力与可能（任正非，2010；高子茵等，2019）。

总的来说，管理实践创造经济收益为高质量发展夯实发展基础，高质量发展则推动更多具有高度异质性与启发性的成功案例出现，推动管理理论的创造性转化与创新性发展。管理理论的"知"与"行"并非两个隔断割裂的部分，而是统一于情境化中"知""行"互动与"知""行"合一的互利交融关系（陈春花，2010）。

五 总结

管理作为一门具有交叉性和致用性的学科，其理论与实践会因情境差异而具备独特性。中国管理源于中华上下五千年文明与中华优秀传统文化，既是历史的，也是时代的。当代中国管理的发展理念已从以资本为中心转变为以人民为中心，企业经营定位也从利润中心的股东权益最大化向增进民生福祉、实现人的全面发展转移，与高质量发展和中国式现代化的最终目标相一致：在经济协调发展上，以高效企业管理助长经济增量发展，以多元协调共助经济绿色发展；在创新协调发展上，以区域内企业创新互通区域间协同创新，以国内企业整体全面创新辐辏国际全球创新；在发展成果共享上，打造人民全面共享、国内国际共享的全方位、宽领域模式，保证可持续共享的美好传递。两者携手、步调一致，以守正创新的正气和锐气，续历史文脉、谱时代华章。

* 参考文献 *

曹新，刘能杰. 1999. 管理是金 [M]. 北京：经济管理出版社.
CAO X, LIU N J. 1999. Management Is Gold[M]. Beijing: Economic Management Press.

陈春花. 2010. 当前中国需要什么样的管理研究 [J]. 管理学报，(9)：1272-1276.
CHEN C H. 2010. What management research do we need in China?[J]. Chinese Journal of Management, (9): 1272-1276.

陈劲，尹西明. 2019a. 范式跃迁视角下第四代管理学的兴起、特征与使命 [J]. 管理学报，(1)：1-8.
CHEN J, YIN X M. 2019a. The emergence, characteristics and mission of fourth-generation management under the paradigm shift perspective[J]. Chinese Journal of Management, (1): 1-8.

陈劲，尹西明. 2019b. 世界级企业的经营管理模式 [J]. 企业管理，（7）：12-16.

CHEN J, YIN X M. 2019b. Business management models of world-class enterprises[J]. Enterprise Management, (7): 12-16.

陈劲，郑刚. 2021. 创新管理 [M]. 北京：北京大学出版社.

CHEN J, ZHENG G. 2021. Innovation Management[M]. Beijing: Peking University Press.

陈雪颂，陈劲. 2016. 设计驱动型创新理论最新进展评述 [J]. 外国经济与管理，（11）：45-57.

CHEN X S, CHEN J. 2016. A review of latest development of design-driven innovation theory[J]. Foreign Economics & Management, (11): 45-57.

成中英. 2011. C 理论：中国管理哲学 [M]. 北京：中国人民大学出版社.

CHENG Z Y. 2011. C Theory: Chinese Management Philosophy[M]. Beijing: China Renmin University Press.

程霖，谢瑶. 2023. 传统管理思想与中国式管理构建 [J]. 江西社会科学，（2）：127-139.

CHENG L, XIE Y. 2023. Traditional management thought and the construction of Chinese style management[J]. Jiangxi Social Sciences, (2): 127-139.

程清雅. 2023. 高质量发展评价指标体系构建及应用 [J]. 统计与决策，（24）：28-32.

CHENG Q Y. 2023. Construction and application of high-quality development evaluation index system[J]. Statistics & Decision, (24): 28-32.

费孝通，2021. 乡土重建 [M]. 北京：北京联合出版公司.

FEI X T. 2021. Country Reconstruction[M]. Beijing: Beijing United Publishing Co., Ltd.

高子茵，宋继文，欧阳林依等. 2019. 因时乘势，与时偕行——小米模式背后的时间领导力 [J]. 管理学报，（11）：1581-1592+1600.

GAO Z Y, SONG J W, OUYANG L Y, et al. 2019. The temporal leadership behind the xiaomi business model: a case study of Xiaomi Company[J]. Chinese Journal of Management, (11): 1581-1592+1600.

国家发展改革委经济研究所课题组. 2019. 推动经济高质量发展研究 [J]. 宏观经济研究，（2）：5-17+91.
Research Group of Institute of Economic Research（NDRC）. 2019. A study on promoting high-quality development of china's economy[J]. Macroeconomics, (2): 5-17+91.

国务院发展研究中心管理世界杂志社，中国社会科学院社会学研究所，中国社会科学院未来学研究所. 1992. 1991年188个地级以上城市经济社会发展水平评价[J]. 管理世界，（6）：143-149.
Management World, Institute of Sociology, Chinese Academy of Social Sciences, Institute of Future Studies, Chinese Academy of Social Sciences. 1992. Evaluation of the economic and social development level of 188 prefecture-level and above cities in 1991[J]. Management World, (6): 143-149.

金碚. 2018. 关于"高质量发展"的经济学研究 [J]. 中国工业经济，（4）：5-18.
JIN B. 2018. Study on the "high-quality development" economics[J]. China Industrial Economics, (4): 5-18.

李光福. 2010. 中国传统创新意识发微 [J]. 广东社会科学，（1）：73-79.
LI G F. 2010. The development of traditional Chinese innovation consciousness[J]. Social Sciences in Guangdong, (1): 73-79.

李金昌，史龙梅，徐蔼婷. 2019. 高质量发展评价指标体系探讨 [J]. 统计研究，（1）：4-14.
LI J C, SHI L M, XU A T. 2019. Probe into the assessment indicator system on high-quality development[J]. Statistical Research, (1): 4-14.

李梦欣，任保平. 2019. 新时代中国高质量发展的综合评价及其路径选择 [J]. 财经科学，（5）：26-40.

LI M X, REN B P. 2019. Comprehensive evaluation and path choice of China's high-quality development in the new era[J]. Finance & Economics, (5): 26-40.

李映山. 2005. 中国传统文化中的个性与创新精神辩 [J]. 湘南学院学报，（1）：38-42.

LI Y S. 2005. A discussion of the individualities and innovations in traditional Chinese culture[J]. Journal of Xiangnan University, (1): 38-42.

刘培林，钱滔，黄先海，董雪兵. 2021. 共同富裕的内涵、实现路径与测度方法 [J]. 管理世界，（8）：117-129.

LIU P L, QIAN T, HUANG X H, DONG X B. 2021. The connotation, realization path and measurement method of common prosperity for all[J]. Management World, (8): 117-129.

吕力. 2009. "中国管理学"发展中的范式问题 [J]. 管理学报，（8）：1008-1012.

LV L. 2009. Chinese management: a new paradigm or a new school[J]. Chinese Journal of Management, (8): 1008-1012.

聂长飞，简新华. 2020. 中国高质量发展的测度及省际现状的分析比较 [J]. 数量经济技术经济研究，（2）：26-47.

NIE C F, JIAN X H. 2020. Measurement of China's high-quality development and analysis of provincial status[J]. Journal of Quantitative & Technological Economics, (2): 26-47.

任保平，李禹墨. 2018. 新时代我国高质量发展评判体系的构建及其转型路径 [J]. 陕西师范大学学报（哲学社会科学版），（3）：105-113.

REN B P, LI Y M. 2018. On the construction of Chinese high-quality development evaluation system and the path of its transformation in the new era[J]. Journal of Shaanxi Normal University (Philosophy and Social Sciences Edition), (3): 105-113.

任保平. 2018. 新时代中国经济从高速增长转向高质量发展：理论阐释与实践取向 [J]. 学术月刊, （3）: 66-74+86.

REN B P. 2018. Theoretical interpretation and practical orientation of China's economy from high speed growth to high quality development in new era[J]. Academic Monthly, (3): 66-74+86.

任正非. 2010. 管理的灰度 [J]. 商界（评论）, （4）: 48-50.

REN Z F. 2010. The grayscale of management[J]. Business (Review), (4): 48-50.

苏东水, 彭贺. 2006. 中国管理学 [M]. 上海：复旦大学出版社.

SU D S, PENG H. 2006. Chinese Management[M]. Shanghai: Fudan University Press.

苏东水. 2005. 东方管理学 [M]. 上海：复旦大学出版社.

SU D S. 2005. Oriental Management[M]. Shanghai: Fudan University Press.

苏永伟, 陈池波. 2019. 经济高质量发展评价指标体系构建与实证 [J]. 统计与决策, （24）: 38-41.

SU Y W, CHEN C B. 2019. Construction and demonstration of evaluation index system for high quality economy development[J]. Statistics & Decision, (24): 38-41.

孙豪, 桂河清, 杨冬. 2020. 中国省域经济高质量发展的测度与评价 [J]. 浙江社会科学, （8）: 4-14+155.

SUN H, GUI H Q, YANG D. 2020. Measurement and evaluation of the high-quality of China's provincial economic development[J]. Zhejiang Social Sciences, (8): 4-14+155.

田秋生. 2018. 高质量发展的理论内涵和实践要求 [J]. 山东大学学报（哲学社会科学版）, （6）: 1-8.

TIAN Q S. 2018. Theoretical connotation and practical requirements for high-quality development[J]. Journal of Shandong University (Philosophy and Social Sciences), (6): 1-8.

王海燕，郑秀梅. 2017. 创新驱动发展的理论基础、内涵与评价 [J]. 中国软科学，（1）：41-49.

WANG H Y, ZHENG X M. 2017. On the theoretical basis, connotation and evaluation of innovation-driven development[J]. China Soft Science, (1): 41-49.

王玲玲，张艳国. 2012. "绿色发展"内涵探微 [J]. 社会主义研究，（5）：143-146.

WANG L L, ZHANG Y G. 2012. Exploring the connotation of "Green Development"[J]. Socialism Studies, (5): 143-146.

王一鸣. 2020. 百年大变局、高质量发展与构建新发展格局 [J]. 管理世界，（12）：1-13.

WANG Y M. 2020. Changes unseen in a century, high-quality development, and the construction of a new development pattern[J]. Management World, (12): 1-13.

王艺霖. 2016. 习近平对中国传统文化的创造性转化和创新性发展——以知行关系为例 [J]. 党的文献，（1）：19-24.

WANG Y L. 2016. Transformation and innovation of Chinese traditional culture by Xi Jinping: A case study of the relationship between knowledge and action[J]. Literature of Chinese Communist Party, (1): 19-24.

王永昌，尹江燕. 2019. 论经济高质量发展的基本内涵及趋向 [J]. 浙江学刊，（1）：91-95.

WANG Y C, YIN J Y. 2019. The basic connotation and trend of high-quality economic development[J]. Zhejiang Academic Journal, (1): 91-95.

魏后凯，年猛，李玏. 2020. "十四五"时期中国区域发展战略与政策 [J]. 中国工业经济，（5）：5-22.

WEI H K, NIAN M, LI L. 2020. China's regional development strategy and policy during the 14th Five-Year Plan Period[J]. China Industrial Economics, (5): 5-22.

魏敏，李书昊.2018.新时代中国经济高质量发展水平的测度研究[J].数量经济技术经济研究，（11）：3-20.
WEI M, LI S H.2018.Study on the measurement of economic high-quality development level in China in the new era[J].Journal of Quantitative & Technological Economics, (11): 3-20.

吴照云，姜浩天，巫周林. 2023. 中华优秀传统文化创造性转化的管理学路径[J]. 清华管理评论，（4）：92-101.
WU Z Y, JIANG H T, WU Z L. 2023. The management path of creative transformation of Chinese excellent traditional culture[J]. Tsinghua Business Review, (4): 92-101.

吴照云. 2021. 从中国传统文化出发构筑中国管理之基[J]. 经济管理，（9）：5-15.
WU Z Y. 2021. Constructing the foundation of Chinese management based on Chinese traditional culture[J]. Business and Management Journal, (9): 5-15.

吴志军，梁晴. 2020. 中国经济高质量发展的测度、比较与战略路径[J]. 当代财经，（4）：17-26.
WU Z J, LIANG Q. 2020. The measurement, comparison and strategic path of China's high quality economic development[J]. Contemporary Finance & Economics, (4): 17-26.

谢佩洪，魏农建. 2012. 中国管理学派本土研究的路径探索[J]. 管理学报，（9）：1255-1262.
XIE P H, WEI N J. 2012. Paths exploration for Chinese indigenous management research[J]. Chinese Journal of Management, (9): 1255-1262.

徐雷，邓彦斐. 2019. 儒家思想与当代中国企业伦理价值观的构建[J]. 山东社会科学，（8）：172-176.
XU L, DENG Y F. 2019. Confucian thought and the construction of ethical values in contemporary Chinese enterprises[J]. Shandong Social Sciences, (8): 172-176.

徐淑英，张志学. 2005. 管理问题与理论建立：开展中国本土管理研究的策略 [J]. 南大商学评论，（4）：1-17.

XU S Y, ZHANG Z X. 2005. Problems in management and theory construction: strategies of indigenous management research in China[J]. Nanjing Business Review, (4): 1-17.

徐银良，王慧艳. 2020. 基于"五大发展理念"的区域高质量发展指标体系构建与实证 [J]. 统计与决策，（14）：98-102.

XU Y L, WANG H Y. 2020. Construction and empirical study of regional high-quality development indicator system based on "Five Development Concepts"[J]. Statistics & Decision, (14): 98-102.

杨虹. 2000. 论中国传统文化中的创新精神 [J]. 湖南商学院学报，（6）：91-93.

YANG H. 2000. On the innovative spirit in traditional Chinese culture[J]. Journal of Hunan Business College, (6): 91-93.

张党珠，王晶，齐善鸿. 2019. 基于扎根理论编码技术的道本领导理论模型构建研究 [J]. 管理学报，（8）：1117-1126.

ZHANG D Z, WANG J, QI S H. 2019. A study on construction of theoretical model of Tao-oriented leadership based on the coding technique of grounded theory[J]. Chinese Journal of Management, (8): 1117-1126.

周三多，陈传明，龙静. 2020. 管理学原理 [M]. 南京：南京大学出版社.

ZHOU S D, CHEN C M, LONG J. 2020. Principles of Management[M]. Nanjing: Nanjing University Press.

周振华. 2018. 经济高质量发展的新型结构 [J]. 上海经济研究，（9）：31-34.

ZHOU Z H. 2018. A new structure for high-quality economic development[J]. Shanghai Journal of Economics, (9): 31-34.

Chinese Management:
A Key Force for High-Quality Development

Wu Zhaoyun   Huang Xin   Wu Zhoulin   Xiao Zhiliang

Abstract: This paper analyzes the essence of Chinese management and high-quality development, and discovers a strong alignment between the positioning of management as a discipline and the pursuit of overall increment in high-quality development. Both exhibit a combination of universality and particularity. On one hand, high-quality development necessitates the reevaluation of time and spatial dimensions, while adhering to the "Five Development Concepts" and constructing evaluation indicators that integrate qualitative and quantitative aspects. On the other hand, management theory needs to foster local perspectives while serving the world, and to seek solutions to human problems by balancing scientific rigor and artistic creativity. Future Chinese management should be rooted in Chinese traditional culture and contemporary management contexts, and through the combination of these two aspects, and it can effectively support Chinese path to modernization with Chinese characteristics and become an important driving force for promoting high-quality development.

Keywords: Chinese Management; High-Quality Development; Chinese-style Modernization

从《荀子·王霸》篇谈儒家社会治理体系

邱昭良

摘 要：作为先秦时期的儒学思想大师，荀子在《荀子·王霸》篇中对成王、成霸的治国之道进行了系统阐述，其中提出的很多关于社会与组织治理的深刻哲理与基本原则，至今仍有重要的指导与借鉴意义。本文基于对《荀子·王霸》篇的解析，探讨了荀子提出的"义立而王、信立而霸、权谋立而亡"三种基本治国路线与方针，并分析了其两方面的决定因素，明确了君主的六项职责、关键任务以及礼义规范在社会治理体系中的应用、非礼即"伤国"等核心问题。

关键词：荀子　儒家思想　社会治理体系　领导力

一　荀子之学即王霸之学

在先秦时代，所谓"王"，指的就是统一天下、让百姓过上幸福生活的圣王，包括尧舜禹以及周文王、周武王、周公等。荀子称前者为"先王"，就是周朝之前的圣王；称后者为"后王"，也就是离荀子所在的春秋战国时期比较近的朝代的圣王。

所谓"霸"，指的就是称霸一方，能够震慑诸侯或令其信服，也能维持秩序、维护天下安定的霸主，如人们都熟悉的"春秋五霸"。

作者简介：邱昭良，博士，北京学而管理咨询有限公司首席顾问，高级经济师，研究方向为组织学习与知识管理。

在春秋战国时期，百家争鸣，各种学说风起云涌。孔子创立的儒家主张回到周朝的治理模式，所以大力推崇先王，但是，翻遍孔子的言论，他对于王、霸并无系统的论述，其少量语录中虽提及霸，也只是透露出尊王抑霸的味道。因此，荀子事实上是第一个对王霸展开系统论述的儒学大师。由此，荀子之学也经常被称为"王霸之学"。

在《荀子·王霸》篇（以下简称"《王霸》篇"），荀子对成王、成霸的治国之道进行了研究，提出了体系化的解决方案。他推崇王道，但并不排斥霸道。笔者认为，这可能是由于在荀子所在的战国时期，人们变得比较现实了，能有贤明的圣王以礼义征服天下人心，不需战争就能出现太平盛世，这样当然最好；只是，这种希望过于渺茫。因此，即使没有圣王，如果能出现有能力一统天下、保持一段时期天下稳定的霸主，也总比诸侯林立、彼此厮杀，让百姓遭受苦难的局面要好。

《王霸》篇是《荀子》一书中篇幅最长的一篇，共4750字，内容非常丰富，包含很多关于社会与组织治理的深刻哲理与基本原则，至今仍有重要的指导与借鉴意义。

二 三种治国模式

《王霸》篇要回答的第一个问题就是：到底怎样才能成王或者成霸，分别要具备什么样的条件？

对此，荀子一上来就开宗明义，指出："故用国者，义立而王，信立而霸，权谋立而亡。三者，明主之所谨择也，仁人之所务白也。"（王先谦，2012）[199] 也就是说，治国有三种策略——义立而王、信立而霸、权谋立而亡，国君必须慎重选择治国之道。

1. 义立而王

要做到"义立而王"，荀子指出，需具备以下三个条件。

（1）治国是天下责任中最大的，合格的领导一定要有相应的修为，德能配位，也即必须是有足够的品格修为和能力的君子才能胜任。要是德不配位，坐在君主的位置上，就很危险。

在本篇中，荀子多处提及，合格的君主应该是仁君、圣王、"王者之人"。他们信奉并践行礼义之道，身心合一，决策和行为都符合"公义"（即社会整体的利益），都是"义志"，而非私利。例如，荀子指出："故厚德音以先之，明礼义以道之，致忠信以爱之，赏贤使能以次之，爵服赏庆以申重之，时其事、轻其任以调齐之，潢然兼覆之，养长之，如保赤子。"（王先谦，2012）[220] 意思是说，君主自身的德行与能力修为应该很高，能够以身作则、率先垂范，践行礼义之道，并使其成为整个社会的指导法则；同时，他们应能施行仁政、爱护人民，并奖赏、任用贤能之士，基于他们的能力和德行修为给予官职，并配以相应的服饰，用奖赏、表扬来反复强调；此外，适时地安排农事、徭役，不给百姓造成负担，让全体人民都可以安居乐业，就像养育婴儿一样。

（2）除了君主自身是君子，还要求所使用的人，也就是臣下百官，都应该是践行礼义的"义士"。

（3）君主制定出来、施加于天下的法律、条令是符合道义的"义法"。

2. 信立而霸

君主选择"信立而霸"，也要有三个条件。第一，君主在礼义、品格修为方面并不完备，但具备较强的能力来治理国家。第二，对待臣下，奖励、惩罚、禁止和许可都履行到位，取信于人。第三，已经颁布的政令和签署的盟约，即便知道会使自己受到不利影响，也会执行到位，信守不渝。

3. 权谋立而亡

第三条路就是"权谋立而亡"。在这种策略里面，君主自身没有任何道义和诚信，只看对自己是否有利，运用阴谋诡计，为自己谋取功名、利益，而且贪得无厌，并不好好整饬自己已经有的东西，反而一心想要别人的。在内部，对于自己的臣民，也耍心眼，巧取豪夺，谋取小利。在外部，对于盟国，更是背信弃义，钩心斗角，谋取大利。

从上面的论述可以看出，荀子认为，可以从君主、臣下、民众、盟国四个方面来判断君主实际采用的治国模式（见表1）：（1）君主本人是否遵从并践行礼义，是否有较高的品格修为；（2）君主所选拔和使用的人（臣下）是不是"君子"；（3）君主和臣下制定出来、施于民众的法令条例是否为"义法"；（4）对盟国是否能坚守信义。其中，第一个因素会影响第二个因素，前两个因素又会决定后两个因素。

表1 三种治国模式的对比

	义立而王	信立而霸	权谋立而亡
君主	挈国以呼礼义而无以害之，行一不义、杀一无罪而得天下，仁者不为也，擽然扶持心、国，且若是其固也（王先谦，2012）[199-200]	德虽未至也，义虽未济也，然而天下之理略奏矣（王先谦，2012）[201]	挈国以呼功利，不务张其义，齐其信，唯利之求（王先谦，2012）[202]

续表

	义立而王	信立而霸	权谋立而亡
臣下	之所与为之者之人，则举义士也（王先谦，2012）[200]	刑赏已诺，信乎天下矣，臣下晓然皆知其可要也（王先谦，2012）[202]	内不修正其所以有，然常欲人之有（王先谦，2012）[202]
民众	之所以为布陈于国家刑法者，则举义法也（王先谦，2012）[200]	政令已陈，虽睹利败，不欺其民（王先谦，2012）[202]	内则不惮诈其民而求小利焉（王先谦，2012）[202]
盟国	主之所极然帅群臣而首乡之者，则举义志也（王先谦，2012）[200]	约结已定，虽睹利败，不欺其与（王先谦，2012）[202]	外则不惮诈其与而求大利焉（王先谦，2012）[202]

三 社会治理模式选择的影响因素

从上面的论述可见，在荀子看来，实行哪种治国模式，主要取决于两个方面：一是君主本人的信念，也就是荀子所说的"何法之道"；二是君主选拔、任用什么样的人，也就是"谁子之与"（见表2）。

表2 选择社会治理模式的影响因素

	义立而王	信立而霸	权谋立而亡
策略路线/指导原则（何法之道）	王者之法（"千岁之信法"）	霸者之法	亡国之法
用人（谁子之与）	王者之人（积礼义之君子，千岁之信士）	霸道之人（端诚信全之士）	亡国之人（权谋倾覆之人）

如果君主采纳的是"王者之法"，也就是经过千岁验证的礼义之道，同时君主和他所任用的人都是"王者之人"，也就是有很高

修为的"君子"("千岁之信士"),那么,他选择的就是"义立而王"这种策略。

如果君主采纳的是"霸者之法",他和所任用的人都是"霸道之人",那么,他选择的就是"信立而霸"这种策略。所谓"霸道之人",就是德行修为不如"王者之人",但是也有较强能力的人。

如果君主采纳的是"亡国之法",运用阴谋诡计,只求功利,同时他所任用的人都是"亡国之人",也就是自己身边那些只懂得讨好自己的小人,那么,他选择的就是"权谋立而亡"这种策略。

事实上,荀子认为,上述三种治国模式可以分为两大类,一类叫"巨用",另外一类叫"小用",二者会产生截然不同的结果(见表3)。

表3 两类治国模式及其产生的结果

	小用	巨用
何法之道	先利而后义	先义而后利
谁子之与	安不恤是非,不治曲直,唯便僻亲比己者之用(王先谦,2012)[206]	安不恤亲疏,不恤贵贱,唯诚能之求(王先谦,2012)[206]
结果	乱则国危;国危则无乐君	治则国安;国安则无忧民

那么,什么是"巨用",什么是"小用"呢?关键也是看两个方面,一是走什么样的路线(即"何法之道"),二是任用什么样的人(即"谁子之与")。所谓"巨用",就是君主坚持"先义而后利",不论亲疏、贵贱,他只选择任用贤能的人。所谓"小用",就是君主坚持"先利而后义",只求功利,不讲礼义之道,不论是非、曲直,他只选择任用自己身边亲近、奉承自己的人。

如果采取"巨用"模式，国家就会发展壮大，社会就会繁荣昌盛，天下太平，君主和人民就会安逸、快乐，荣誉满满；发展到极点，国家就会成霸。如果采取"小用"模式，国家就会陷入混乱、危险，君主和人民都会命运悲惨，并自取其辱；萎缩到极点，国家就会灭亡。介于二者之间，仅能安存。这就是荀子所说的"綦大而王，綦小而亡，小巨分流者存"（王先谦，2012）[206]。

因此，荀子指出，"国危则无乐君，国安则无忧民。乱则国危，治则国安……故百乐者生于治国者也，忧患者生于乱国者也，急逐乐而缓治国者，非知乐者也。故明君者必将先治其国，然后百乐得其中；暗君必将急逐乐而缓治国"（王先谦，2012）[207-208]。也就是说，国家危险，君主就不得安乐；国家安定，百姓就不会忧愁。政事混乱，国家就会危险；政事井然有序，国家就会安定……因此，各种祥瑞都会在治理良好的国家发生，各种忧患都会在治理混乱的国家发生。如果君主想得到长久的安乐，就需要"先治国"，而不是"急逐乐"。只有国家和社会得到良好的治理，君主才能得到长久的安乐。而昏君则急着追求享乐，不用心治理国家。如果国家被治理得一塌糊涂，即便君主能得到享乐，其也不会是真正长久的快乐，这样的做法也是不明智的。

四　社会治理的关键在于"取相"

国家和社会作为一个极其复杂而庞大的系统，要进行治理，肯定不能只靠君主一个人。因此，荀子认为，社会治理的关键在于"取相"，也就是选择一个副手，协助自己治理国家。用现代企业管理的语言来讲，就是要注重选拔和任用人才。

对此，荀子分析了三种组合及其可能的结果（见表4）。

表4 君主和相的组合及其可能的结果

	相能	相不能
身能	王	—
身不能，知恐惧而求能者	强	—
身不能，不知恐惧而求能者，安唯便僻左右亲比己者之用（王先谦，2012）[206]	—	危削，綦之而亡

首先，"身能相能，如是者王"（王先谦，2012）[206]。也就是说，如果君主自身修为高、能力强，同时，他所选的"相"也很有修为、有能力，这样就会成王。按照这一假设，只要君主有能力，就必然能选到合格的相，因此，不存在君主"身能"而"相不能"的状况。否则，就说明君主没有能力。

其次，"身不能，知恐惧而求能者，如是者强"（王先谦，2012）[206]。如果君主自身修为和能力不高，但他知道自己的不足、心怀恐惧，尽力寻找并任用很有修为和能力的副手，这样就会强大、成霸。事实上，就像荀子所说，世界之大，有能力和有修为的贤人总是有的，如果君主用心求索，一定能找到贤能的副手，因而也不会出现君主"求能"而"相不能"的状况。

最后，"身不能，不知恐惧而求能者，安唯便僻左右亲比己者之用，如是者危削，綦之而亡"（王先谦，2012）[206]。如果君主自身修为和能力不足，还不知恐惧，不去寻找和任用贤人，而是任人唯亲，只任用身边那些奉承、谄媚自己的人，这样国家就会陷入危险，不断衰弱，发展到极点，就会灭亡。因为君主无能，必然选不到贤能的相；即便有贤能的人，其也得不到任用，最终会离开。

所以，从根本上讲，国家的兴衰荣辱首先取决于君主，就像荀子所说："故治国有道，人主有职。"（王先谦，2012）[208]

五 君主的六项职责

既然君主对于社会治理具有举足轻重的作用，那么，君主到底应该履行哪些职责？

通读、梳理全篇，笔者认为，在荀子看来，要想治理好国家，君主的职责包括如下六个方面（上面所讲的"取相"只是君主治国的职责之一）。这刚好符合老子在《道德经》中所说的"道生一，一生二，二生三，三生万物"。

1."养一民"

首先，对于奉行道义治国的君主来说，其基本使命就是以仁义精神和清明的政治收服民心，让老百姓过上幸福生活。这就是"一"，它是由礼义之"道"生发出来的。只有真正收服民心，让老百姓心甘情愿地和君主一心，甚至愿意为其出生入死，其才是真正的王。这个思想在《王霸》篇中多处提及。同时，这也是儒家治国思想的基本主张。

例如，荀子指出："用国者，得百姓之力者富，得百姓之死者强，得百姓之誉者荣。三得者具而天下归之，三得者亡而天下去之；天下归之之谓王，天下去之之谓亡。……生民则致宽，使民则綦理，辩政令制度，所以接天下之人百姓，有非理者如豪末，则虽孤独鳏寡必不加焉。是故百姓贵之如帝，亲之如父母，为之出死断亡而不愉者，无它故焉，道德诚明，利泽诚厚也。"（王先谦，2012）[220-221] 意思就是说，治理国家的君主，能让百姓尽力效劳的，才会富足；能让百姓为之拼死作战的，才会强大；能得到百姓称颂的，才会荣耀。具备了以上三个条件，天下人就会归附他，他就会成王；失去了这三个条件，天下人就会离开他，最终他就会自取灭亡……养育人民极其宽厚，役使百姓极其合理，制定的法令制度、对待百姓的方式，但凡有不合理的地方，即便是针对孤独鳏寡之人，也丝毫不能施加于他们身上。因此，百姓像对上帝一样尊重他们，像对父母一样敬爱他们，心甘情愿地为他们出生入死，这没有其他缘故，就是因为君主的道德确实贤明、施予百姓的恩泽确实深厚。

2."使人为"

荀子认为，要做到"养一民"这个"一"，君主要把握两个基本原则（也就是"一生二"）：第一，选贤任能，善于"官人"，做到"使人为"；第二，洞悉本质，把握关键，做到"守至约"。

就像上文所说，国家和社会的安危荣辱，除了取决于君主自身的状况，也离不开"取相"。事实上，君主不仅需要"相"的辅助，还要明确标准，善于识别和管理人才。因为要想治理好一个国家，肯定要依靠很多人，绝对不能只靠自己。为此，君主必须能够"论德使能"，也就是识别人的德行和才能，并据此妥当地使用人、授予其官职。因此，君主必须是善于管理人的人，要通过使用他人来达成目标，就像荀子所说："人主者，以官人为能者也；匹夫者，以自能为能者也。……论德使能而官施之者，圣王之道也，儒之所谨守也。"（王先谦，2012）[209-210]

3．"守至约"

因为治理国家是一个庞大、复杂的系统工程，君主必须具备系统思考的智慧，能从众多纷乱的事务中看清本质、把握关键。如果分不清轻重，眉毛胡子一把抓，什么都管，必然陷入混乱。荀子指出："之主者，守至约而详，事至佚而功，垂衣裳，不下簟席之上，而海内之人莫不愿得以为帝王。"（王先谦，2012）[209] 君主如果能够"守至约"，就可以手都不用抬一下，将天下治理得井井有条。这就要把握"为君之道"。

对此，荀子进一步阐述道："主道治近不治远，治明不治幽，治一不治二。主能治近则远者理，主能治明则幽者化，主能当一则百事正。夫兼听天下，日有余而治不足者如此也，是治之极也。既能治近，又务治远；既能治明，又务见幽；既能当一，又务正百：是过者也。过，犹不及也，辟之是犹立直木而求其景之枉也。不能治近，又务治远；不能察明，又务见幽；不能当一，又务正百：是悖者也，辟之是犹立枉木而求其景之直也。故明主好要而暗主好详。主好要则百事详；主好详则百事荒。"（王先谦，2012）[219-220] 也就是说，英明的君主一定要抓住事物的关键与本质，把自己该做的事情做好，不能贪大求全，什么都管。只有这样，才能维持整个系统的秩序，否则就会百事荒废。

4．"论一相"

接下来，荀子进一步阐述了怎样才能把握关键，调动并协调众人，实现国家和社会的治理。在他看来，君主需要明确三方面的具体职责："君者，论一相、陈一法、明一指，以兼覆之、兼炤之，以观其盛者也。"（王先谦，2012）[220] 也就是说，要落实上述两个基本原则，君主需要履行三项职责，即"论一相、陈一法、明一指"（这就是所谓的"二生三"）。

所谓"论一相"，就是我们前面所提到的"取相"，因为君主要治理天下，必须找到一位合格的相作为辅助，这是最为紧要的。在荀子看来，"故能当一人而天下取，失当一人而社稷危"（王先谦，2012）[218]。古代贤明的君主之所以成王，都是因为任用了贤相，就像荀子所说："故汤用伊尹，文王用吕尚，武王用召公，成王用周公旦……故古之人有大功名者，必道是者也；丧其国、危其身者，必反是者也。"（王先谦，2012）[218-219]如果君主用心寻找到贤相，自己就不用那么辛苦、忙碌、烦扰了——这就是荀子所讲的"故君人劳于索之，而休于使之"（王先谦，2012）[220]，甚至可以达到"无为而治"的境界，即"既能当一人，则身有何劳而为，垂衣裳而天下定"（王先谦，2012）[218]。

对于相的职责，荀子说："相者，论列百官之长，要百事之听，以饰朝廷臣下百吏之分，度其功劳，论其庆赏，岁终奉其成功以效于君。当则可，不当则废。"（王先谦，2012）[220]也就是说，相位列百官之首，总管各种政事的处置，确定朝廷的大臣和各级官吏的职责、名分，衡量他们的功绩，评定他们的奖赏，年终拿着他们的成绩呈报给君主，其中，称职的就留用，不称职的就罢免。作为君主治国的辅佐之人，只有相履职到位，君主才能把握关键，做好自己职责范围内的事，不必为各种事务而劳心、劳神。因此，选择合适的人担任相，对于君主来说至关重要。

5."陈一法"

除了选贤任能，要治理好国家，还必须颁布一套尊重人性、符合科学规律与社会伦常的法律,以此来规范臣民的行为,明确社会秩序,使百姓没有额外的负担,各级官吏也不能随意无度地役使百姓。这就是荀子所称的"陈一法"。

《荀子·君道》篇曾谈道:"法者、治之端也;君子者、法之原也。故有君子则法虽省,足以遍矣;无君子则法虽具,失先后之施,不能应事之变,足以乱矣。"(王先谦,2012)[226]也就是说,法制是治国的开端,君子是法制的本原。如果人人都是君子,即便法律条例简略,也足以适用于各个方面;如果人人都不是君子,即便法律条例很完备,也会失去先后的实施次序,不能应付事情的诸多变化,最终造成混乱。由此可知,在荀子看来,要实现社会治理,根本之道是以礼义对百姓进行教化、把人培养成君子,这是社会治理的根本。除此之外,也必须有法令制度和明确的行为规范,并且从君主开始主动、严格执行,这样才能树立威信、令各方信服,就像他所说:"制度以陈,政令以挟,官人失要则死,公侯失礼则幽,四方之国有侈离之德则必灭。"(王先谦,2012)[213]

6."明一指"

荀子认为,君主的第三项职责是"明一指",也就是采取各种措施,在整个社会范围内确立礼义之道的根本指导地位,包括君主在朝堂上以身作则,监督各级官吏,以及在整个社会中善待百姓。荀子指出:"君人者,立隆政本朝而当,所使要百事者诚仁人也,则身佚而国治,功大而名美,上可以王,下可以霸。"(王先谦,2012)[218]

的确,在荀子倡导的社会治理体系中,礼义之道是治国的根本,这也是他一直推崇的根基。他指出:"国无礼则不正。"没有礼义之道，就无法治国理政，实现和谐、可持续发展。为此，君主必须采取有效的措施，确保礼义之道在整个国家和社会中的根本指导地位。

总之，如果君主能够履行好最后三项职责，就可以管理好自身、朝廷以及天下，实现法、士、民、俗"四者齐"，使社会和国家得到有效治理，实现"王道仁政"（这就是所谓的"三生万物"）。具体来说，就是"无国而不有治法，无国而不有乱法；无国而不有贤士，无国而不有罢士；无国而不有愿民，无国而不有悍民；无国而不有美俗，无国而不有恶俗。两者并行而国在，上偏而国安，在下偏而国危；上一而王，下一而亡。故其法治，其佐贤，其民愿，其俗美，而四者齐，夫是之谓上一。如是则不战而胜，不攻而得，甲兵不劳而天下服"（王先谦，2012）[215-216]。

六　礼对七类人的指导意义

在本篇中，荀子阐述了"礼"对于社会治理的价值，主要包括两个方面。

一是规定社会等级。正如荀子所说："传曰：'农分田而耕，贾分货而贩，百工分事而劝，士大夫分职而听，建国诸侯之君分土而守，三公总方而议，则天子共己而止矣'。出若入若，天下莫不平均，莫不治辨，是百王之所同，而礼法之大分也。"（王先谦，2012）[210-211] 农民耕田，商贾经商，百工各司其职、勤勉努力，士大夫履行自己的职责，处理各种政事，分封列土的诸侯管理好自己领地内的百姓，三公在天子之下执行各自的大政策略，天子则统领天下。如果天下之人都能履行他们各自的职责，天下就太平、稳定有序，这就是太平治世。这是礼法的基本功能。

二是指导人的行为，包括君臣上下、贵贱长幼，以至于普通百姓都以此作为指导行为的规范，用它来检查、约束自己的行为。这是礼法的基础功能，就像荀子所说："君臣上下，贵贱长幼，至于庶人，莫不以是为隆正。然后皆内自省以谨于分，是百王之所以同也，而礼法之枢要也。"（王先谦，2012）[17]

具体来说，荀子将社会众生分为天子、相、士大夫、百吏、商贾、百工以及农夫。前四类人被称为"官人者"，也就是以管理他人为主要职责的人；后三类人被称为"自能者"，即依靠自身能力从事专业工作或具体事务的人。他们都是社会体系中不可或缺的一分子，各自有着不同的职责，也要服从其他人的管理（见表5）。

表5 社会体系构成、各自的职责以及相互关系

	主要职责	服务和管理
天子（人主）	制定标准，把握关键，以身作则，选拔和管理士大夫	选相，并在相的辅佐下治理国家和社会
相	协助天子，总管天下政事	确定朝廷百官的职分，监督并评定其履职情况
士大夫	按照职责范畴，管理中央事务（政策）	管理下属百吏，接受天子的管理
百吏	中基层社会管理	服务并管理商贾、百工和农夫，接受士大夫的管理
商贾	财货流通	自能，服务于百工和农夫，接受百吏的管理
百工	利用各种物资制作各种器具	自能，服务于农夫和各级管理者，接受百吏的管理
农夫	按照农时，精心生杀、长养、肥田以易，确保出实	自能，管理农田和庄稼、牲畜，接受百吏的管理

如果能够践行礼义，这两项功能都能有效发挥，就可以实现社会的"治理"，荀子称之为"綦定"，也就是极度安定和谐。对此，荀子指出："如是，则下仰上以义矣，是綦定也。綦定而国定，国定而天下定。"（王先谦，2012）200-201 也就是说，如果能做到这样，臣民就会基于道义而敬仰君主，治国的基础就会稳固，国家就会安定，天下就能平定。

七　非礼即"伤国"

在荀子看来，礼是治国的根基，如果君主不遵从礼义之道，就会"伤国"，也就是使国家受到伤害。荀子讲的那些情况都是针对君主来说的。他认为，如果君主用人不当，让没有品德和能力的小人来管理民众，让他们作威作福，并且用不当手段巧取豪夺、与民争利，就会造成伤害国家的大灾难。

具体来说，他列举了三种情况，称其为"三邪"。

第一，"大国之主也，而好见小利，是伤国"（王先谦，2012）222。如果大国的君主不尊崇礼义，不谨守传统的法令制度，喜欢欺诈，贪图小利，便会危害国家。因为这样会造成上行下效，朝廷群臣和举国上下也就不会崇尚礼义，而是互相倾轧。那样的话，即使国家土地辽阔，权威也会趋于倾微；即使国家人口众多，兵力也必定衰弱；即使国家法令条例繁多、严苛，政令也难以下达、施行。这样，国家必然会陷入危险。

第二，"其于声色、台榭、园囿也，愈厌而好新，是伤国"（王先谦，2012）222。君主若喜好歌舞、美色，大搞楼堂馆所，喜欢排场、享乐，而且乐此不疲、追求新奇，就会危害国家。

第三，"不好循正其所以有，啖啖常欲人之有，是伤国"（王先谦，2012）[222]。若君主不喜欢整顿、治理自己已有的东西，却总是贪婪地想要占有他人的东西，就会危害国家。

若这三种邪念充斥胸中，君主就不是奉行礼义之道的君子，如果他们又用人不当，让那些玩弄权术、阴险狡猾的小人来处理政事，君主就会权势倾微、声名狼藉，国家就会陷入危险，这样的君主就是危害国家的人。这就是荀子所说的"三邪者在匈中，而又好以权谋倾覆之人断事其外，若是，则权轻名辱，社稷必危，是伤国者也"（王先谦，2012）[223]。

八 我们今天如何利用《荀子》的智慧

从上文的论述可知，荀子在《王霸》篇给出了社会与组织治理的整体解决方案，涉及基本的治国路线、方针、决定因素，以及礼义规范在社会治理体系中的应用、君主的职责等核心问题，不仅涉及上至天子、下至百姓的所有利益相关者，而且具有动态性，明确了彼此之间的相互关联，洞悉了规律、把握了本质，是对社会治理的系统思考成果，因而对于当今的社会与组织治理有积极的借鉴意义。

但是，需要指出的是，《荀子》成书于战国末期，其中的一些政治主张也不可避免地具有一定的历史局限性。例如，主张恢复到周朝的治国模式、希望出现"明主"来一统天下、重农抑商等，都是荀子在自己所处的历史时期出于当时的社会状况而提出的具体主张，并不适合当今的时代。

为此，按照笔者在《知识炼金术（个人版）：成为领域专家的系统方法》一书中提出的"U型读书法"，我们在精读、学习《荀子》和其他古代典籍时，不能照搬照抄，而是要先准确理解其具体主张（"观其文"），继而思考、理解其背后的原理和思想精髓，把握本质（"察其意"），并将这种精神与自己的实际相联系，思索如何将这些精髓与原理应用到自己当前的实际工作中（"辨其用"），最后，通过实际行动以及之后的复盘、反思，验证自己是否真正理解了这些思想并能够有效使用（"证其效"）。从本质上讲，这是一个从古至今、由人及己的知识转移过程。

* 参考文献 *

邱昭良.2022.知识炼金术（个人版）：成为领域专家的系统方法[M].北京：机械工业出版社.
QIU Z L.2022. Knowledge Alchemy for Individuals: A Systematic Approach to Becoming a Domain Expert [M].Beijing: China Machine Press.

王天海.2008.名家讲解荀子[M].长春：长春出版社.
WANG T H. 2008.Authoritative Interpretation on Xunzi[M].Changchun: Changchun Publishing House.

王先谦.2012.荀子集解[M].北京：中华书局.
WANG X Q.2012. Collective Interpretations on Xunzi[M]. Beijing: Zhonghua Bookstore.

Hutton E L.2014.Xunzi: The Complete Text[M], Princeton, NJ:Princeton University Press.

Title: Exploring the Confucian Social Governance System from the Perspective of Xunzi's "The True King and the Hegemon"

Qiu Zhaoliang

Abstract: As a prominent Confucian thinker of the pre-Qin period, Xunzi systematically expounded the principles of governing a state in his essay "The True King and the Hegemon". He articulated profound philosophical insights and fundamental principles regarding social and organizational governance, which continue to hold significant guidance and reference value today. This paper based on an analysis of Xunzi's "The True King and the Hegemon", examines the three fundamental governance models and guidelines proposed by Xunzi: "Being a true king if you establish *yi* as your foundation, being a hegemon if you establish trustworthiness as your foundation, and you will perish if intrigues and schemes are established as your foundation." It also analyzes the two determining factors in these models, clarifies the six responsibilities and key tasks of leaders, and discusses the application of ritual and righteousness norms within the social governance system. Furthermore, it addresses critical issues such as the detrimental consequences of deviating from proper rituals, which can lead to "harming the state."

Keywords: Xunzi; Confucianist Thought; Social Governance Systems; Leadership

零工经济中平台企业的民主管理
——基于公地理论的再思考

魏 巍　韩思忆　陈 劲

摘　要：数字经济的普及和新业态的出现使零工劳动者群体进一步壮大，而算法技术的出现直接为平台创造了巨大收益。算法的不断升级和迭代在创造信息资源的同时，也催生出很多权益保障缺失问题。如何实现平台数字资源的合理治理，并保障零工劳动者合法权益成为当下发展的重要问题。公地理论中的自组织治理模式为此提供了新的理论视角，重视零工劳动者的参与和管理意识，以"第三方组织者"的身份参与平台治理，能更好地维护自身权益。本文基于公地理论，通过剖析"鞍钢宪法"蕴含的企业民主管理思想，以美团为平台企业民主管理的研究范例，考察数字经济情境下平台企业如何通过独特的民主管理方式提高零工劳动者的参与意识，在保障其劳动权益的同时实现有效的平台治理。

关键词：零工经济　民主管理　公地理论　自组织　平台治理

一　引言

随着互联网的发展和平台经济的崛起，以灵活自由为特征的新就业形态蓬勃发展，零工经济（gig economy）随之出现并迅速发展。2020年我国《政府工作报告》中首次明确强调"我国包括零工在内的灵活就业人员数以亿计"。[①]以互联网为依托的平台也不断涌

作者简介：魏巍，博士，北京物资学院商学院教授、博士生导师，研究方向为数字经济与新就业形态、创新管理；韩思忆，北京物资学院商学院硕士研究生，研究方向为数字经济与新就业形态、创新管理；陈劲，博士，清华大学经济管理学院教授、博士生导师，清华大学技术创新研究中心主任，研究方向为技术创新管理与科技政策。

① 2020年《政府工作报告》，https://www.gov.cn/zhuanti/2020lhzfgzbg/，2020-05-22。

现，为劳动供需双方提供了线上平台，能够实现人力资源的快速匹配，提高了交易效率。随着平台数量的激增，提高劳动者的平台黏性和稳定性成为平台获利的根基。平台利用算法进行任务的分配和评价，算法鸿沟导致零工劳动者无从得知算法规则和算法合理性，缺乏话语权和参与感。加之新就业形态的特殊性，零工劳动者在工作中掌握一定的自主权，且不完全依赖于平台提供的生产资料，因此两者间劳动的人身和组织从属性有所弱化（胡磊，2020），劳动关系判断困难导致现行社会保障和职业伤害保障难以覆盖零工劳动者，权益保障问题严重。鉴于此，一些零工劳动者如外卖员群体和网约车司机群体会自发地组成小团体，进行信息的共享和选择，有时还会为了规避算法的监管采取其他积极或消极的行为（孙萍，2019）。鉴于此，零工经济中平台企业的民主管理是提升零工劳动者工作满意度和幸福感的重要路径，如就任务分配、薪酬和任务评价等与零工劳动者自身息息相关的内容进行充分的协商，提高其管理参与度，提升平台的治理效率。

新中国成立以来，我国在各个领域的发展中都积极提倡并实施民主管理，如建立人民代表大会制度给予公民参与国家治理的权利，建立独具中国特色的信访、座谈会、听证会和各种征询会制度，为公民提供多样化的参与国家治理的渠道（刘建军和张远，2021）；职工代表大会的出现给予了员工参与企业管理的权利，互联网的发展催生了网络民主管理，公民可通过互联网平台参与社会公共事务等（李明德和李萌，2021）。各种各样的民主管理概念与形式不断涌现，公民的主人翁意识也不断增强。曾经在国有企业中占主导地位的民主管理制度已经扩展到国内所有企业

（Huang，2022），同时也涉及多个领域。公地理论是埃莉诺·奥斯特罗姆（Elinor Ostrom）提出的公共事物治理之道，其指出外部强加的结构化治理机制并非公地治理的有效手段，往往需要实现公地自身的治理（奥斯特罗姆，2000）。由于平台的信息资源较为复杂多样，参与主体多元化，并且具有与传统公地资源不同的权属方式及使用方式，仅仅凭借外界的干预与强制将无法实现对平台的有效治理。

平台作为多方参与和交流的媒介，其产生的数字信息资源是新时代背景下独特的"公共资源"，参与者均可不限时间和地点地获取相关信息，导致信息面临泄露风险，因此如何进行新型"公共资源"的治理至关重要。奥斯特罗姆在其代表作《公共事物的治理之道：集体行动制度的演进》(Governing The Commons: The Evolution of Institutions for Collective Action)中综合以往治理理论和模式，提出了第三种治理模式——社区或自组织治理，该模式不同于以往以政府或市场为主责方的管理，而是重视资源使用者的力量，强调信任和互相监督，政府或外部力量发挥基本的监管作用（奥斯特罗姆，2000）[18, 69-75]，为目前平台治理提供了新的理论视角。该模式强调资源使用者的广泛参与和管理，而零工劳动者作为平台一大群体，关注他们的参与意愿和管理非常有必要。传统企业的劳动者以工会或职代会等形式参与到企业管理中，而平台企业的特殊性使其要创新参与形式和内容，在保障零工劳动者权益的同时，能够获得更多有益于平台治理的意见和能量，促进劳动者权益保障和平台健康发展。

二 公地理论与企业民主管理

（一）公地理论

公地理论是由奥斯特罗姆提出的，是关于公共资源治理的经济理论。该理论认为公地是通过集体性组织对某些特定资源的生产、分配和发展进行制度化的一种环境（许洁和王子娴，2022）。长期以来，公共资源的管理都是国家和政府关注的重要问题，传统公共资源具备"物质化"特点，如水资源、土地资源、海洋资源和矿产资源等，主要有政府强权管理和市场调配管理两种方式，外部力量作为主责方进行管理。奥斯特罗姆则认为外部管理并不是唯一方案，资源占用者的群体力量应该被重视起来，因此她创造性地提出了第三种治理模式。

对于公共资源的管理，传统治理模式认为个体会为了自身利益对资源进行过度的开发和使用，造成不良后果，只有通过"局外人"（如市场或政府）的管制才能实现资源合理开发和使用。奥斯特罗姆并不赞同完全"公共"或"私有"的管理模式，认为两者是相互啮合和相互依存的，因此她提出了第三种治理模式，强调重视资源占用者群体的集体力量和自我管理能力（奥斯特罗姆，2000）[31]。

当无管理制度或规则，并且多数人共同享用某种稀缺资源时，个体会为了实现自身的更大利益，无节制地开发和使用资源，最终导致环境的退化，即出现"公地悲剧"现象（Hardin，2009）。该现象的出现表明了个体的"自利性"，对公共资源的使用需要外部管理力量和手段。而奥尔森所提出的"集体行动的逻辑"则表明理性的、追求自身利益的个人不会为实现共同的或集体的利益去采取行动（Olson，1965）。也就是说，只要一个人没有被排除在共享利益的系统之外，就会出现"搭便车"现象，最终导致不良结局。因此，如何调动个体积极性，增强集体的行动动机也是管理的焦点。

为了实现集体或合作行动，在传统治理模式中，企业或国家作为局外人制定并提供规则，同时对违反规则的惩罚机制做出可信承诺，单独承担管理风险并获得产生的所有剩余。传统治理模式也指出面对集体行动的问题时，新制度的供给、可信承诺和相互监督是需要解决的三个重要问题。首先，即便回报是对等的，制度的引入会有利于每个人的境况，但理性人寻求的是免费确保自身利益，那么制度的供给就有可能失败（Bates，1988）。此时，个体之间的信任和集体观念成为制度供给成功的突破点。其次，可信的承诺是第二个重要问题，占用者为了自身利益的最大化，往往会做出违反规则的行为，外部监管和强制是通常的解决方法，自组织模式如何在无外部力量的辅助下实现承诺是关键所在。最后，相互监督是可信承诺实现的前提，组织内部互相对规则的遵守情况进行监督，承诺会更加可信，进而实现新制度的供给。因此，自组织治理模式的形成和执行要从解决这三个相互制约又互相促进的问题开始，才能实现对所拥有的公共资源的有效治理，追求集体行动下可实现的"最优解"。

公共资源占用者面临资源的占用和提供两个问题（Gardner et al.，1990）。资源占用与流量配置相关，需要对固定的且时间独立的资源进行配置，进而降低存在的不确定性和矛盾；资源的提供考虑的则是存量方面，需要分析对资源进行集中投资的时间特征和所产生的效益特征。以往，大多数关于公共资源问题和集体行动问题的分析主要集中在单一层面（Kiser and Ostrom，1982），资源的占用和提供问题在操作层次上发生，其前提是假定规则和技术是已知且不变的，但现实是技术和规则是不断变化的。因此，对于公共资源的管理问题要从多个层面进行分析。

奥斯特罗姆提出了规则问题分析的三层次——操作选择层次、集体选择层次和宪法选择层次，认为较低层次的分析会受到较高层次分析的影响，操作选择的规则会受到集体选择的影响和制约，根据集体选择进行制定，而集体选择又会进一步受到宪法选择的影响，要依据宪法选择层次的规则进行制定（奥斯特罗姆，2000）[81-88]。因此，具备自主组织和治理的群体同时要涉及操作的、集体的和宪法的选择领域，要有一定的能力和认识。在不同层次的分析中，均要考虑整个层次框架的变动，同时考虑好将哪些群体纳入情境，在将信息的可获得性、控制权的高低和环境因素等必要信息摸清后，就可以选择一个可行的博弈模型，进而进行管理。

在现有的管理模式中，外部力量的存在是必需的，因为群体内部存在缺乏信任或规则不合理等问题，但通过对多项公共资源治理成功案例的分析，奥斯特罗姆发现，多个社群建立共同的规则后，会选出内部"督察员"或"监管员"，对违反规则的个体进行处罚，且具备良好的效果。与传统治理模式不同，自组织治理模式中的规则是不断变化的，以适应不同的时期和资源情况（两者在治理模式与特点上的对比见表1）。通过剖析多项成功案例，奥斯特罗姆总结了八项设计原则：清晰界定边界、使占用和供应规则与当地条件保持一致、集体选择的安排、监督、分级制裁、冲突解决机制、对组织权的最低限度的认可、分权制企业。这些设计原则有助于说明这些制度在维持公共资源、保障占用者群体世代遵守所使用的规则中的成功原因（奥斯特罗姆，2000）[144]。

表1 传统治理模式与自组织治理模式对比分析

治理模式	治理主体	主要特点	优势	劣势
传统治理模式	政府/市场	单方制定规则，并承担全部风险	操作简单	规则可能缺乏适用性
		单方监督资源使用行为	强制性执行力	无法时刻监督，效率较低
		单方获取全部剩余，并设置惩罚措施	占用者免于承担成本	实际成本较高
自组织治理模式	资源占用者	占用者集体确定规则，并共担风险	规则适用性更强，认可度高	需要获得官方许可和认证
		建立心理契约	规则遵守度高	需要占用者间的长期信任
		占用者间相互监督	内部监督效率更高	

公地理论表明社区群体有进行价值创造的巨大潜力，可以调整规则适应不同环境（Vazquez and Gonzalez，2015），打破了只有通过政府或市场主体才能进行资源治理的传统治理理念。奥斯特罗姆进一步指出，该模式下外部力量的介入主要是对自组织规则制定和执行过程的监督等，起到基本的监管作用；同时，公共资源治理过程中的制度和规则并非一成不变，通常资源占用者会

设计多种操作规则，以便在外部环境或者制度变化时，能够随时修改其规则，在不同环境下保证制度的有效性。制度的可变性也体现了自组织治理模式的可行性和有效性，不同于以往传统单方负责的情况，规则全由负责方制定，而且很长一段时间内不会变化，因此自组织治理模式的形成要对规则和资源有充分的了解（奥斯特罗姆，2000）[39-40,94]。

综上，基于奥斯特罗姆的理论思想，通过与传统治理模式的对比分析，本文绘制了自组织治理模式图（见图1），为零工经济中的平台企业开展民主管理提供了实践指导。

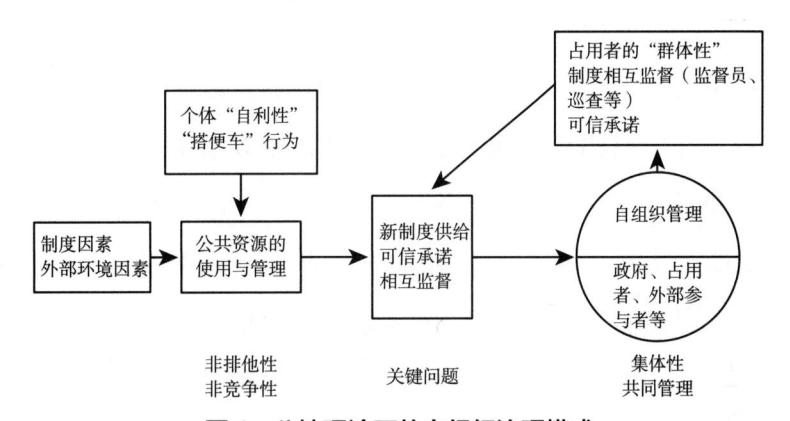

图1 公地理论下的自组织治理模式

（二）企业民主管理

对于企业民主管理的研究可以追溯到韦布夫妇所提出的"产业民主理论"，其主张劳工运动不仅要有政治方向，还要有经济方向，并将产业民主看作民主运动的一个阶段——生产民主，通过产业民主使工人能够参与企业工作的经营与管理（Webb and Webb，1897）。常凯（2005）在《劳动关系学》一书中将工人参与定义为"企业或其他组织中的普通员工依据一定的规定与制度，通过一定的组织形式，直接或间接地参与管理与决策的各种行为的总称"。企业民主管理作为一种管理模式，其核心就在于民主和参与，也集中体现了以人为本的管理思想。威廉姆森的契约经济理论主要目的是充分识别在契约过程中潜在的冲突因素，并选择合理的契约关系治理的结构，以期降低交易成本，促进双方的合作，最终实现共赢（威廉姆森，2020）。将该理论放在劳动关系领域来看，即通过对企业和员工签订的劳动合同与期限的研究来实现合作，现代契约理论认为雇主和雇员的关系是一种委托-代理关系，而劳动合同期限的长短对能否实现劳资合作有着重要影响。

企业民主管理作为职工维护权益和自我管理的一种渠道和方式，是公地理论自组织治理模式的代表，主要有职工代表大会、厂务公开和集体协商与集体合同等制度形式。职工为了保障劳动权益组成团体，主动要求参与企业的规则制定、薪酬分配和考核流程等，企业也会将工作制度、经营信息和管理信息等披露公开，重视职工个人利益，实现个体和组织的"共生共荣"。企业民主管理中所蕴含的管理思想与西方学者所提出的参与式管理有着相通的理念，参与式管理强调员工通过参与到企业生产管理过程来提高自身生产力，助力企业长期发展。企业民主管理与参与式管理的基本逻辑对比见图2。

马克思认为，在资本主义发展初期或者萌芽阶段，劳动对资本的表现是形式从属，而在资本主义成熟时期，由于大机器、科技等的出现和使用，劳动对资本从开始的形式从属转变为实际从属（韩喜平和徐景一，2012）。马克思指出，"资本发展成为一种强制关系，

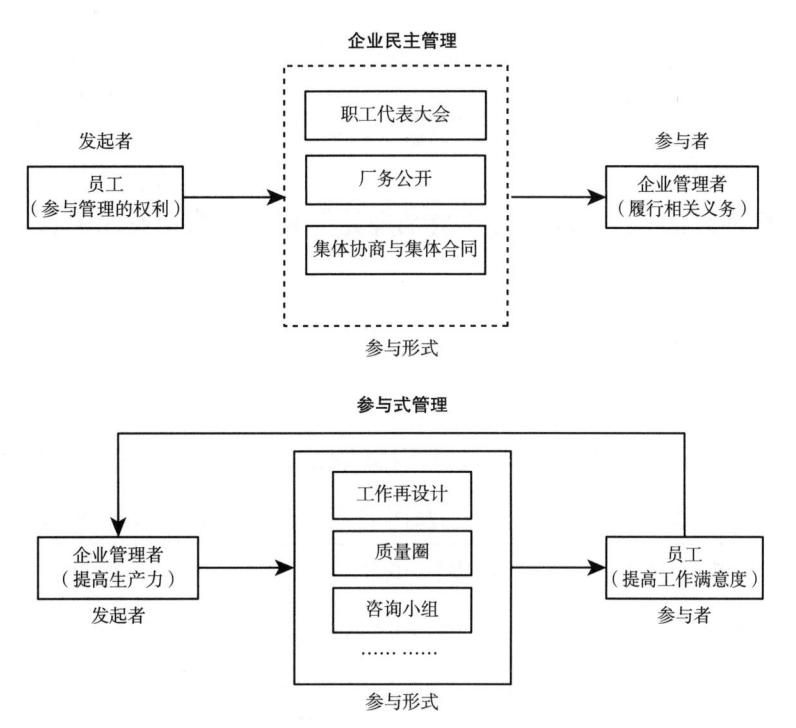

图 2　企业民主管理与参与式管理的基本逻辑对比

迫使工人阶级超出自身生活需要的狭隘范围而从事更多的劳动。作为他人辛勤劳动的制造者，作为剩余劳动的榨取者和劳动力的剥削者，资本在精力、贪婪和效率方面，远远超过了以往一切以直接强制劳动为基础的生产制度"（马克思，2004a）[359]。这种强制性的关系所产生的结果就是工人对资本的反抗，并且随着经济的发展愈加强烈。马克思在深刻剖析了资本与劳动之间的冲突后，提出了两者存在合作的可能性，并指出"不论生产的社会的形式如何，劳动者和生产资料始终是生产的因素。但是，二者在彼此分离的情况下只在可能性上是生产因素。凡要进行生产，它们就必须结合起来"（马克思，2004b）[44]，资本和劳动两者是不可分割的，它们必须结合起来才能创造价值。而马克思的劳动关系理论也为当时西方国家构建和谐劳动关系提供了新的思路。

三 "鞍钢宪法"：中国特色"公地理论"视角下的企业民主管理实践

（一）"鞍钢宪法"的历史背景及核心要义

"鞍钢宪法"是中华人民共和国成立后社会主义经济建设思想在当时企业管理中的体现，其所包含的各种管理形式和制度安排不仅体现了关于人的自由与解放的思想，更是后福特制的理论和实践依据（胡国栋和韵江，2011）。新中国成立后，鞍钢陆续建立了各项规章制度，生产经营也基本得到恢复和发展。1953年，鞍钢的企业管理开始走向专业化，制定了经济核算、技术管理和班组管理等多项制度，但并未出现效果显著的管理经验（杨继国和魏鑫珂，2014）。三大改造完成后，中国工业企业的分类主要有三种，而鞍钢属于"一五计划"苏联援建的156家企业之一，因此其管理思想和制度受到"马钢宪法"影响较多。"马钢宪法""一长制"中所包含的个人负责制和规范化的管理思想在使用伊始确实体现出一定的合理性，但随着企业的不断发展，其与中国本土的不适应性逐渐凸显出来，加之20世纪50年代我国在社会主义建设的问题上已经明确显现本土化趋势（张申，2018），因此，探索中国本土化的企业管理制度和思想成为重要问题。

1960年，鞍钢将《鞍山市委关于工业战线上的技术革新和技术革命运动开展情况的报告》上报中央，报告中将推行的新的企业民主思想主要总结为以下五点。（1）必须不断进行思想革命，坚持政治挂帅，破除迷信，解放思想。（2）放手发动群众，一切经过试验。落实这一点的具体方式就是搞"大宣传、大动员、大总结、大检查、大评比与大展览"。（3）全面规划，狠抓生产实践。这主要是指在生产的关键或攻坚环节，鞍钢采取党委书记挂帅，工人、技术人员以及设计院、钢铁学院、中央实验室等单位相集中方式，通过"大鸣、大放、大辩论"，统一思想，解决难题。（4）自力更生和大协作相结合。（5）开展技术革命和大搞技术表演比赛相结合。毛泽东对该报告作出批示，高度评价鞍钢经验，将鞍钢经验蕴含的原则称为"鞍钢宪法"。"鞍钢宪法"是我国泛在管理实践的先驱，它探索了一条社会主义企业的管理路径，与苏联同期提出的"马钢宪法"形成鲜明对比。"鞍钢宪法"是工人民主管理的实践体现，主张让工人参与到管理中来，这种以人为本的管理思想对新情景下开展民主管理具有重要的指导意义。

"鞍钢宪法"是新中国成立后社会主义经济建设和政治改革思想在企业管理实践中的充分体现（胡国栋和王晓杰，2016），包含丰富的管理思想和内容。有学者将其归纳为三个部分的内容：一是企业的指导思想——政治挂帅、技术革命；二是企业的领导体制——党委领导下的厂长负责制；三是企业的管理原则——"两参一改三结合"（戴茂林，1998）。"鞍钢宪法"的核心是"两参一改三结合"，即"工人参加管理，干部参加劳动，改革不合理的规章制度，工人、干部、技术人员三结合"，对基层人员充分授权，激发员工的积极性和主动性，并强调团队合作。在当时，"鞍钢宪法"还有一些组织与制度上的管理安排，如职工代表大会、一条龙协作赛、技术表演竞赛和三结合小组等，体现了组织工作的多样化形式（胡国栋和王晓杰，2016）。在"鞍钢宪法"的指导下，鞍钢基层职工参与管理的主动性大幅提升，参加技术革新和技术革命的群体十分广泛，取得良好绩效，鞍钢年钢产量逼近700万吨，此后将近30年再无重大突破。"鞍钢宪法"相对于苏联的"马钢宪法"，其最大优势在于体现工人及知识分子对企业管理权的需求，调动员工的工作积极性，激发员工的工作热情与工作活力，从而体现对人的价值的肯定，这在当时极为宝贵。

（二）"鞍钢宪法"中的民主管理精髓

"鞍钢宪法"不仅蕴含着企业管理理念，更涉及关于人的自由与解放的社会主义根本问题与核心价值，其理论本质是职工当家作主，是"人民当家作主"的社会主义政权本质在国有企业经济中的体现（胡国栋和王晓杰，2016）。"鞍钢宪法"中的"两参一改三结合"思想所批判的是整个资本主义经济体系及资本雇佣劳动的剥削逻辑，也是政治解放在经济领域的核心体现，强调阶级的对立与解放（胡国栋和韵江，2011），关注个体的自我主宰和管理。"鞍钢宪法"将工人看作管理的主体而非被控制的对象，这充分体现了公地理论的核心思想，发挥基层人员的管理能力，鼓励其参与到企业的各项管理中来。第一，"工人参加管理，干部参加劳动"这一实践思想消解了两大群体间的对立情绪，同时也模糊了管理者和被管理者之间的边界，消解了管理者在企业的中心地位和绝对控制权，转向一种去中心化、更加民主的管理模式；第二,"鞍钢宪法"中的职工代表大会是"工人参加管理"的重要制度体验,通过职代会工人不仅可以监督决策者的行为是否合理,同时可以参与到企业的日常管理中来,拥有参与管理的权利和自由,为企业管理提供经验和智慧;第三,"三定一项"的制度安排帮助干部参与到劳动过程中,同时受工人群体的监督,避免了管理者的绝对地位(胡国栋和韵江,2011)。

"鞍钢宪法"除了体现工人和管理者平等的地位和话语权,还体现了员工自我创新管理的思想。"鞍钢宪法"中的"一改"指对企业一切不合理安排进行重新修改与确立,工人的积极性被进一步激发,这一过程中的创新即员工的自主创新。"鞍钢宪法"中的"三结合"指干部、技术人员和工人在生产管理与创新中互相合作,体现的是集体协作精神。在这种情况下,多个部门人员进行协作,实现了信息的共享,打破了管理和沟通的壁垒,提升了管理效率,同时小组中的每个成员均可做出对组织有利的行为,提高了整体的环境适应能力(胡国栋和韵江,2011)。"鞍钢宪法"不仅关注工人平等地参与企业管理,而且关注群体内部的协作和关系构建,形成更加稳固的协作关系,有利于组织或企业的长期发展。"鞍钢宪法"中的制度规则不仅提高了工人的介入感,而且也为工作的顺利展开提供了帮助,充分的参与能够减少工作过程中管理层与工人们的矛盾和冲突,有助于管理中的沟通协作。总之,在这种企业管理制度规则下,工人不再是被操控的"工作木偶",而是拥有一定发言权和参与度的"自由人",充分体现了企业民主管理思想。

"鞍钢宪法"充分体现了公地理论的重要思想,关注工人群体的自我管理能力,让工人参与到企业各项规章制度的制定、各项决策的颁布和各项工作流程等中，发挥其积极参与管理的意识和能力。公地理论的自组织治理模式强调的是资源占用者的自我参与和管理，由于政治文化背景的差异，其在我国并不是完全的自治，而是强调重视员工的参与，这正是企业民主管理思想的体现。"鞍钢宪法"重视工人集体力量，实现工人和企业的共赢。尽管"鞍钢宪法"具有时代限制，但"鞍钢宪法"的尝试体现了我国企业在家国情怀的激励下，在变革、创新管理模式方面的探索与尝试，其敢为人先的精神和市场化的导向，在我国企业管理史上留下浓墨重彩的一笔，其丰富的时代内涵亦是我国宝贵的精神财富。"鞍钢宪法"满足了工人和知识分子的需求，肯定了人的价值，授权于基层人员，极大地提高了工人的积极性，充分体现了工人和合作的力量。

四 公地理论下的零工平台治理实践思考

（一）公地理论下平台特征初探

所谓"公地"，是指具有非竞争性、非排他性的公共资源聚集的地方，其中每位成员都享有对公共资源的使用权，同时无法阻止其他人使用公共资源（奥斯特罗姆，2000）[52-54]，进一步讲，公地理论治理模式是一种制度化的社区实践和治理模式，与非公地理论治理模式的区别为是否存在成员之间制度化的资源共享机制（Potts，2019；Frischmann，2012；Madison et al., 2010）。传统治理模式中以政府或市场为主导并非唯一方案，自组织治理模式会带来不一样的结果（奥斯特罗姆，2000）[30-37]。在信奉"公地自由"和无节制、无管理制度的背景下，当许多人共同使用一种稀缺资源时，每个人会追求自身的最佳利益，最终出现环境的退化，即"公地悲剧"（Hardin，2009）。而随着数字信息技术的发展，虽然有些公地如信息公地仍然具有排他性，但是数字技术的应用打破了公地的限用性，可以实现对公共资源的最大化利用，进而实现"公地喜剧"（Rose，1986；陈劲和李佳雪，2022）。

数字平台作为零工经济中连接零工劳动者和消费者的桥梁，是信息资源的聚集地之一。算法作为平台背后实际的"操控者"，可获取消费者和劳动者的多项信息，且能通过理性计算做出对平台有益的决策，其信息是不断变化的。平台所构建的数字信息站不受时空限制，多方主体均可进行部分资源的查询与使用，信息也可进行计算和优化，进而丰富了信息公地的内容。公地理论治理模式同样为平台的治理提供了新视角，可实现平台数字资源的创新治理和劳动权益的有力保障。

（二）零工经济中的数字劳动和平台治理

数字经济和互联网的普及催生了新业态和新就业形态。零工经济是舶来品，随着数字技术的飞速发展，以互联网为联结的零工经济开始崛起，并从维基百科、开源软件等领域逐渐向外扩展，是一种以"大众生产"为特点的新模式（贾开，2021）。P2P交易平台的出现改变了传统的线下交易形式（莫怡青和李力行，2022），各种以互联网为依托的工作平台的出现使劳动者可以实现在线工作、自主选择工作形式，既不用像传统方式那样依赖固定的雇主进行全职工作，也不用像独立承包商一样去注册公司并承担一定的风险，其独有的灵活性为零工经济的未来发展提供了条件。有学者将其称为"线上零工工作"，包括数据录入、专业服务、软件开发、创意和多媒体等在线工作（Kssi and Lehdonvirta，2018）。零工经济是指以网络平台为主要媒介，企业将碎片化的工作任务散播出去，单一劳动个体可以选择临时工作或者同时进行多个项目，根据人力资本关系固定的差异化来规划自己的职业（郑祁和杨伟国，2019）。一方面，人们可以通过这种"在线式"的按需工作快速得到商品或服务；另一方面，平台算法技术的发展对供需双方都产生了新的影响。可见，零工经济即利用互联网和数字技术实现快速匹配劳动供需方的一种新模式。

平台利用算法技术一方面获得了巨大收益和多种数字资源，另一方面加强了对零工劳动者的"控制"，将劳动者视为其扩大收益的"利刃"，并把他们排斥在平台管理之外。数字劳动的特殊性让零工劳动者缺乏参与平台管理的机制和渠道，也无法通过申诉和内部协调等形式来解决工作问题。有学者指出，平台用工的灵活性提升了零工劳动者的工作自由度，且降低了零工劳动者对平台组织和资产投入的依赖，其与平台的人身与组织从属性被弱化（胡磊，2020），进而使劳动关系认定较为困难。谢鹏鑫等（2022）指出，现行的社会保险权利与劳动关系挂钩，而目前学术界尚未对新就业形态劳动者的劳动关系达成共识，且其并未与平台签订相应的劳动合同，无法获得社会保障，进而面临较大的劳动风险。基于此，对于该问题的解决也多是从制度角度出发的，有学者指出，政府应该加快零工经济领域中的制度创新，制定行业法律法规，同时企业要主动规范平台管理机制，零工劳动者也要进一步增强其维权意识（潘旦，2022）。完善法律法规可以在"终点"保障零工劳动者的权益，具有法律效力，是一个"结果项"，我们在保证结果的同时，也要重视零工劳动者的"过程参与"。

零工劳动者作为平台多类群体之一，在为平台工作的同时也共享着数字资源，而目前平台掌握绝对的管理权。公地理论为平台的治理提供了新的模式，即多方参与的协同治理模式，鼓励零工劳动者参与到平台的规则制定、算法迭代以及资源管理等过程中，充分重视其个体发展和意见，保障其合法权益，为平台实现有效治理和保障零工劳动者权益两方面的共赢共荣提供了可能。

五 零工平台企业民主管理实践——以美团为例

（一）美团简介

美团是一家科技零售公司，自2010年3月成立以来，美团持续推动服务零售和商品零售在需求侧和供给侧的数字化升级，和广大合作伙伴一起努力为消费者提供品质服务。2018年9月20日，美团在港交所挂牌上市。美团始终以客户为中心，不断加大在新技术上的研发投入。美团致力于和大家一起努力，更好地承担社会责任，创造更多社会价值。2023年5月，美团正式在中国香港推出全新外卖平台KeeTa。美团在发展中一直积极承担企业社会责任，从多角度为平台劳动者提供各项保障，提升其工作体验，加强其物质保障，营造良好的平台工作氛围，在保障零工劳动者权益和参与平台管理方面做了许多有意义的探索。

（二）美团企业民主管理实践

1. 职业发展与保障

美团对骑手的职业发展比较重视，同时开设了多个培训中心，提供不同的技能培训，以期满足平台从业者的学习和技能认证的需求，形成了数字化人才的培养机制，助力生活服务行业的发展和人才培养工作。截至 2022 年底，美团拥有超过 2000 位生活服务业讲师，开设了 9800 门课程，学员人数达 5439 万人，共有近 6000 位新职业从业者获得专业人才认证。[①]

除了提供职业培训和技能学习课程，美团还与商业保险公司合作开发了符合骑手工作生活特点的商业保险，并实现了 100% 的覆盖。为了提高理赔的效率，美团启动了骑手直配项目，能够直接在骑手 App 上进行一键自助理赔，真正发挥了商业保险的实际价值和应有效果。2022 年，美团按照国家统一工作部署，配合相关部门，在一些省市开展了职业伤害保障的试点工作。同时，美团持续完善第三者责任险等商业保险保障，持续迭代完善商业保险和理赔流程，为骑手带来更好的工作安全保障。

美团从物质保障和职业发展等多方面关注骑手群体，通过提供技能学习机会，提高骑手工作能力，增强骑手平台黏性，提升

[①] 《美团2022企业社会责任报告》，https://www.doc88.com/p-50887537364230.html，第33页。

其归属感和职业认同感，在保障骑手权益方面做出了有效的实践和探索。美团的多项举措与公地理论中的观点相契合，强调关注基层群体的力量和作用，并将个体行动转化为集体行动。以往骑手留在平台工作主要是基于新业态的自由灵活性，而如今平台的有益发展和保障则成为骑手留在平台工作的主要原因，这对提升骑手的能力起到了积极作用，未来他们在平台治理中也会起到重要作用。

2."新业态工会"与民主参与

2021年，美团在上海和北京相继成立了工会，召开了第一届工会会员代表大会第一次全体会议，制定并下发了入会办法。2022年9月，美团（北京）工会举办了"骑手恳谈会"，会上骑手代表讲述了工作中遇到的困难和问题，企业方对其进行回应和解答，形成了《美团（北京）骑手恳谈会会议纪要》。纪要包括20条具体措施，如完善与骑手的常态化协调机制、搭建骑手平台和优化算法等，此举为骑手开辟了沟通渠道，真正保障了其权益。为了让骑手畅通有效地表达诉求，美团于2022年进行了"骑手恳谈会""申诉机制""产品体验官"等多种尝试，此外还开通了骑手权益保障专线"10101777"，受理对劳动安全、保险保障和用工合规等方面的问询和投诉，为骑手提供保护其合法权益的渠道和方式。

公地理论强调基层员工的自组织模式，重点是参与到公共资源的治理中来，传统企业的民主管理形式就是其典型体现，如职代会和工会等组织，都是基层员工参与企业管理的形式和载体，使基层员工可以从本群体角度出发，更好地为企业各项管理提供建议，有益于企业长久发展。"新业态工会"的建立就是新业态下的创新治理模式核心思想的体现，也是公地理论在零工经济领域的新体现。随着零工劳动者群体的壮大，平台的"非人性化"管理问题越来越突出，平台也逐渐重视对零工群体的管理，通过借鉴以往的工会经验，建立"新业态工会"，将同平台的零工劳动者纳入其中，解决问题并满足其合理的诉求，极大地提高了平台关怀度，保障了零工劳动者的民主权利。平台主要采用召开会议并选取工会代表行使权力的形式，及时回应零工劳动者的诉求，解决其提出的问题，提升其工作满意度和投入度，从劳动者角度开展平台企业民主管理的工作。

3. 算法协商

为了进一步提升骑手的工作体验，美团对算法进行了"温度"管理，从工作开始到结束进行全过程的保障。在骑手上线前，通过安全知识考查和与交警对接数据来提高骑手的安全意识，给予骑手充分的接单自由权，并用智能头盔和智能外卖柜来保障送单过程，建立免责机制，对受突发情况或者天气因素等客观条件的影响所产生的差评，系统将自动剔除，从全过程保障了骑手的工作权益。

除了开展相关的协商活动，美团进一步将劳动者纳入算法的制定，提高信息透明度。美团多次主动向社会公布骑手配送相关算法规则，从提升配送体验、合理分配订单、优化骑手评价规则等多维度积极推动"算法取中"。此外还向包括骑手、交警、专家在内的社会各界征集规则改进建议，在时间算法机制中融入"异常场景"因子，动态地调整配送时长。《2021年度美团骑手权益保障社会责任报告》中指出，美团继续优化算法规则，落实"算法取中"原则，并邀请骑手、外部专家等利益相关方探讨算法和调整细节，积极推动算法透明工作，同时也让骑手参与到算法管理中来。①

美团举行的骑手恳谈会和算法公开等多项活动均是平台企业民主管理的新实践，重视骑手乃至多方主体的作用，让他们一同参与到算法规则的制定和管理中来正是公地理论核心思想的体现。平台作为数字资源的聚集地，数字资源的虚拟性和多变性对传统治理模式提出了挑战，如何高效地管理数字资源极为重要。公地理论所提出的自组织治理模式提供了一个全新视角，将资源占用者纳入管理，发挥他们的积极作用；同理，数字资源的占用者是多方主体，而算法是数字资源产生和迭代的关键技术，将多方主体纳入算法制定和管理能够实现对数字资源的有效治理。零工劳动者作为平台的一分子，数量庞大，在工作中对算法使用的感受最直接也最真实，能够提出更加有效的建议和意见，促进算法的有益转化和管理。

综上，美团作为零工经济发展背景下的平台企业代表，其管理措施和制度凸显了以人为本的管理思想和发展理念，通过多样的形式和活动提升零工劳动者的工作体验和权益保障，重视零工劳动者的职业发展和生活。此外，美团还在积极探索新的活动形式和治理模式，以期更好地保障零工劳动者群体权益。美团通过创新平台资源治理的新形式，以公地理论为依托，在平台企业民主管理方面做出新的贡献。美团企业民主管理实践如表2所示。

---

① 《2021年度美团骑手权益保障社会责任报告》，https://www.doc88.com/p-81599413158003.html，第7页。

表 2 美团企业民主管理实践汇总

民主管理实践	开始时间	参与者	实施效果	管理维度
成立工会制定入会办法	2021 年	平台骑手	美团于 2021 年在上海和北京相继成立了"新业态"工会，召开第一届工会会员代表大会第一次全体会议，制定并下发入会办法	工会、会员代表大会
举办"骑手恳谈会"并形成书面文件	2020 年	平台骑手	2021~2022 年，召开 200 场骑手恳谈会，覆盖 66 座城市，近 3000 名骑手参加	职工代表大会、集体协商
公布算法规则	2021 年	平台骑手	公开"预估送达时间"算法规则，试点将"预计送达时间点"改为"预计送达时间段"。该规则实施后，骑手因超时、差评等问题导致的异常情况减少 52%，用户差评减少 67%	厂务公开
向骑手、专家等征集规则改进建议，落实"算法取中"	2021 年	平台骑手、专家、交警、社会公众	在时间算法机制中融入"异常场景"因子，动态地调整配送时长	集体协商

资料来源：《美团 2022 企业社会责任报告》，https://www.doc88.com/p-50887537364230.html，第 25 页。

六 结论与展望

随着零工劳动者群体的不断壮大和劳动权益保障问题的频发，平台的科学治理已成为关键问题。平台作为自由开放的数字资源"信息体"，其形成的信息公地与传统公地极其相似，个体可以随时不限次地查询和使用资源，因此在治理方式上同样可以借鉴。企业民主管理在数字领域的实践为自主治理模式的构建提供了经验，创建一套多方主体协同治理的框架是解决平台治理问题的关键所在。

（一）研究结论

新就业形态的出现重新塑造了整个劳动力市场，颠覆了以往的传统就业观念，"算法"的应用在带来便利性的同时也引发了"理性化"管理的弊端，因此如何更好地管理平台用工，实现人性化管理也成为当下研究热点。通过对以往文献的梳理，结合公地理论对企业民主管理的定义、国内发展沿革、研究现状以及零工平台中的实践进行综述后，可得到以下具体结论。

第一，借鉴公地理论对企业民主管理进行再思考。公地理论是对公共资源进行治理的经济理论，主要是指资源占用者通过自组织的形式签订协议，以一定的规则或制度对资源进行自主管理，强调个体的参与。平台作为一种新型数字资源，打破了时空限制，各方主体都可加入和参与，信息的不断迭代也产生了诸多问题，如何有效治理平台成为重要问题。公地理论的自组织治理模式提供了创新且可行的视角。企业民主管理是一种政治概念，是企业或组织中的员工根据企业的规定和制度，以一定的组织形式直接或间接参与企业管理的行为。职工代表大会作为企业民主管理的主要形式，是职工基于共同利益而组成的团体或组织。目前，平台型企业掌握着平台的主要资源和治理权，我们可借鉴公地理论和传统企业民主管理形式，对平台资源进行多方参与的自组织式治理，促进零工劳动者积极参与工会和职工代表大会等相关组织。另外，不同平台的自组织团体也可以实现信息的共享与管理，进而合理化"算法管理"，鼓励零工劳动者的"集体行动"，实现平台资源的有益管理。

第二，数字劳动领域企业民主管理要在和谐劳动关系建设中发挥更多的作用。传统劳动关系中资方和劳方愈加尖锐的冲突催生了劳资合作，即出现了工会、职工代表大会等帮助劳动者维护权益并参与企业管理的组织和形式，该做法在很大程度上缓和了劳资冲突，有研究表明员工对民主管理的效能感与组织承诺呈正相关，对创造和谐劳动关系具有潜在价值（Huang et al., 2016）。随着数字经济的兴起，企业民主管理的形式变得更加多样化、便捷化，但其重要作用仍在平台企业治理中得以显现，让零工劳动者体会到尊严和尊重。平台畅通沟通渠道、提供"暖心"服务、召开恳谈会、参与算法协商等做法对营造和谐劳动关系氛围大有裨益。

第三，公地理论下的平台治理是零工经济健康发展的保障。2022年国家发展和改革委员会等部门联合印发的《关于推动平台经济规范健康持续发展的若干意见》中提出要推动协同治理，加强社会监督，探索公众和第三方专业机构共同参与的监督机制。[①] 公众和零工劳动者的参与能够有效实现多方共治的"共益"目标。平台企业民主管理一方面能够提升平台对劳动者权益的关注度，另一方面也能够以较低的成本实现资源的自组织治理，提高零工劳动者的参与和管理意识，推动零工经济健康发展。

（二）研究展望

公地理论为零工经济中的平台治理提供了新的治理模式，企业

[①]《国家发展改革委等部门关于推动平台经济规范健康持续发展的若干意见》，https://www.ndrc.gov.cn/xxgk/zcfb/tz/202201/t20220119_1312326_ext.html?eqid=ad81d7b200001a3600000002645cb1ea，2022-01-18。

民主管理则为这种模式提供了实践方式和经验。公地视角下的企业民主管理更重视零工劳动者自组织团体的形成，符合零工劳动者崇尚自由的灵活的工作价值观，为平台治理提供了新思想和新路径。

1. 关注企业民主管理对平台治理的积极作用

平台企业民主管理实践使零工劳动者能够在算法管理中保护自身劳动权益，也使其更加体面、有尊严和话语权，增强了自身的职业荣誉感。传统企业中工会和职工代表大会代表了广大职工的意愿，其各项制度的制定也更能促进职工和组织的共同发展，职工的自我管理意识有所提升，企业的各项管理也颇有成效。在作为多方主体交易媒介的平台中，零工劳动者群体处于"劣势"，算法的滥用使零工劳动者权益保障缺失。因此，未来的研究不仅要关注平台企业民主管理对零工群体权益保障的维护作用，还要通过这种自组织的方式实现平台的治理，打造人性化的工作场景，实现平台经济和劳动权益保障的协同发展。

2. 公地理论下平台企业民主管理的实证研究

奥斯特罗姆在《公共事物的治理之道：集体行动制度的演进》一书中采用经济学中的博弈论模型，对哈定的"公地悲剧"和"囚徒困境"等理论进行了反驳，并强调现实中的公共资源和个体自我管理意识更为乐观（奥斯特罗姆，2000）[30-41]，因此自组织治理的方式有一定的现实意义。未来的研究可结合经济学理论，通过构建数字领域的博弈模型，考察协同治理和平台或政府单方治理的作用差异，为开展新型治理模式提供数据支撑，同时可关注数字领域平台企业民主管理对零工劳动者的工作意愿、工作幸福感以及收入等的具体影响，促进各方面平台企业民主管理工作的落实。

3. 量化零工经济中企业民主管理的成效

传统企业民主管理通过员工的工作满意度、敬业度以及其他变量进行衡量，以此来考核企业民主管理的具体成效。而在零工经济中零工劳动者的就业意愿、工作价值观和职业期待都更加多元，导致量化困难。未来的研究应该一方面考察平台为保障企业民主管理所做的积极努力，另一方面选取对照组测量零工劳动者的实际感知，进而提高平台企业民主管理的落地实效，提升效率。

* 参考文献 *

埃莉诺·奥斯特罗姆.2000.公共事物的治理之道：集体行动制度的演进[M].余逊达，陈旭东，译.上海：上海三联书店.
OSTROM E.2000.Governing the Commons: The Evolution of Institutions for Collective Action[M].YU X D, CHEN X D, Trans.Shanghai:Shanghai Joint Publishing.

奥利弗·E. 威廉姆森.2020.契约、治理与交易成本经济学[M].陈耿宣，译.北京：中国人民大学出版社.
WILLIAMSON O E.2020.Contract, Governance and Transaction Cost Economics[M].CHEN G X, Trans.Beijing: China Renmin University Press.

常凯.2005.劳动关系学[M].北京：中国劳动社会保障出版社.
CHANG K.2005.Labor Relations[M].Beijing: China Labour & Social Security Publishing House.

陈劲，李佳雪.2022.创新公地：后熊彼特创新范式的新探索[J].科学学与科学技术管理，43（8）：3-18.

CHEN J, LI J X.2022.Innovation commons: a new exploration of post-Schumpeter innovation paradigm[J]. Science of Science and Management of S.&T., 43 (8): 3-18.

戴茂林 .1998. 鞍钢宪法：毛泽东探索中国社会主义建设道路的重要一环 [J]. 教学与研究，（9）：44-48+64.
DAI M L.1998.The charter of the Anshan Iron and Steel Company: Mao Zedong's important attempt to probe into Chinese way of socialist construction[J].Teaching and Research, (9): 44-48+64.

韩喜平，徐景一 .2012. 马克思劳资关系思想解析 [J]. 当代经济研究，（8）：1-5+92.
HAN X P, XU J Y.2012.Interpretation of Marx's thought on labour-capital relations[J]. Contemporary Economic Research, (8): 1-5+92.

胡国栋，王晓杰 .2016. 企业民主的缺失与重建：从"鞍钢宪法"到组织主人翁行为 [J]. 马克思主义研究，（1）：75-86.
HU G D, WANG X J.2016.The lack and reconstruction of enterprise democracy: from the "Angang Constitution" to the behavior of organizational owners[J].Studies on Marxism, (1): 75-86.

胡国栋，韵江 .2011. 鞍钢宪法的后现代管理思想解读 [J]. 财经科学，（12）：54-62.
HU G D, YUN J.2011.The postmodern management thoughts of "Anshan Steel Constitution" [J].Finance & Economics, (12): 54-62.

胡磊 .2020. 平台经济下劳动过程控制权和劳动从属性的演化与制度因应 [J]. 经济纵横，（2）：36-44.
HU L.2020.Evolution and institutional response of labor process control right and labor subordination in platform economy[J].Economic Review Journal, (2): 36-44.

贾开 .2021. 算法可以中立吗？——"零工经济"的新可能 [J]. 文化纵横，（4）：117-124+159.

JIA K.2021.Can algorithm be neutral?: Possibilities of the gig economy[J]. Beijing Cultural Review, (4): 117-124+159.

李明德，李萌.2021.网络民主参与的伦理意义及实现路径研究[J].浙江工商大学学报，35（4）：97-106.
LI M D, LI M.2021.Ethical significance and realization path of network democratic participation[J].Journal of Zhejiang Gongshang University, 35 (4): 97-106.

刘建军，张远.2021.论全过程人民民主[J].社会政策研究，（4）：95-106.
LIU J J, ZHANG Y.2021. On the people's whole-process democracy[J].Social Policy Research, (4): 95-106.

马克思.2004a.资本论：第1卷[M].北京：人民出版社.
Marx.2004.Capital: Volume 1[M].Beijing: People's Publishing House.

马克思.2004b.资本论：第2卷[M].北京：人民出版社.
Marx.2004.Capital: Volume 2[M].Beijing: People's Publishing House.

莫怡青，李力行.2022.零工经济对创业的影响——以外卖平台的兴起为例[J].管理世界，38（2）：31-45.
MO Y Q, LI L X.2022.Gig economy and entrepreneurship: evidence from the entry of food delivery platforms[J].Journal of Management World, 38 (2): 31-45.

潘旦.2022.互联网"零工经济"就业群体的劳动权益保障研究[J].浙江社会科学，（4）：89-95+159.
PAN D.2022.Research on the protection of labor rights and interests of internet "gig economy" employment groups[J].Zhejiang Social Sciences, (4): 89-95+159.

孙萍.2019."算法逻辑"下的数字劳动：一项对平台经济下外卖送餐员的研究[J].思想战线，

45（6）：50-57.

SUN P.2019.Digital labor within the logic of algorithms: a study of food delivery workers in platform economy[J].Thinking, 45 (6): 50-57.

谢鹏鑫，屈萌，冯娇娇，等 .2022. 新时代我国劳动关系的研究综述与展望：基于劳动关系主体的视角 [J]. 中国人力资源开发，39（4）：96-109.

XIE P X, QU M, FENG J J, et al.2022. Review and prospect of research on Chinese labor relations in the new era based on the perspective of the subject of labor relations[J].Human Resources Development of China, 39 (4): 96-109.

许洁，王子娴 .2022. 公地理论视域下的中国科技期刊集群化发展研究 [J]. 出版发行研究，（1）：47-53.

XU J, WANG Z X.2022. Research on the clustering development of Chinese science and technology journals from the perspective of the theory of commons[J].Publishing Research, (1): 47-53.

杨继国，魏鑫珂 .2014. "鞍钢宪法"与现代企业"民主管理"[J]. 华东经济管理，28（8）：1-7+200.

YANG J G, WEI X K.2014. "The Angang Constitution" and "the Democratic Management" in modern enterprises[J].East China Economic Management, 28 (8): 1-7+200.

张申 .2018. "鞍钢宪法"的管理思想：成因、机理与价值 [J]. 上海经济研究，（5）：118-128.

ZHANG S.2018.Management thought of the "Charter of the Anshan Iron and Steel Company": origin, mechanism and its value[J].Shanghai Economic Review, (5): 118-128.

郑祁，杨伟国 .2019. 零工经济前沿研究述评 [J]. 中国人力资源开发，36（5）：106-115.

ZHENG Q, YANG W G.2019.Review on the frontier research of the gig economy[J].Human Resources Development of China, 36 (5): 106-115.

BATES R H.1988.Contra contractarianism: some reflections on the new institutionalism[J]. Politics & Society, 16 (2-3): 387-401.

FRISCHMANN B M.2012.Infrastructure: The Social Value of Shared Resources[M].New York: Oxford University Press.

GARDNER R, OSTROM E, WALKER J M.1990.The nature of common-pool resource problems[J].Rationality and Society, 2 (3): 335-358.

HARDIN G.2009.The tragedy of the commons[J].Journal of Natural Resources Policy Research, 1 (3): 243-253.

HUANG W, LI Y H, WANG S, et al.2016.Can "democratic management" improve labour relations in market-driven China?[J].Asia Pacific Journal of Human Resources, 54 (2): 230-257.

HUANG W.2022.What sort of workplace democracy can democratic management achieve in China?[J]Industrial Relations Journal, 53 (6): 578-601.

KISER L L, OSTROM E.1982.The three worlds of action: a metatheoretical synthesis of institutional approaches[M]//OSTROM E. Strategies of Political Inquiry. Beverly Hills: Sage: 179-222.

KSSI O, LEHDONVIRTA V.2018.Online labour index: measuring the online gig economy for policy and research[J].Technological Forecasting and Social Change, 137: 241-248.

VAZQUEZ A M, GONZALEZ P A.2015.Knowledge economy and the commons[J].Review of Radical Political Economics, 48 (1): 140-157.

MADISON M J, FRISCHMANN B M, STRANDBURG K J.2010.Reply: the complexity of commons[J].Cornell Law Review, 95 (4): 839-850.

OLSON M.1965.The Logic of Collective Action: Public Goods and the Theory of Groups[M].Cambridge, Mass: Harvard University Press.

OSTROM E, DIETZ T, DOLŠAK N, et al.2002.The Drama of the Commons[M].Washington, DC: National Academy Press.

OSTROM E.1990.Governing the Commons: The Evolution of Institutions for Collective Action[M].Cambridge, Mass: Cambridge University Press.

OSTROM E.2010.Beyond markets and states: polycentric governance of complex economic systems[J].American Economic Review, 100(3): 641-672.

POTTS J.2019.Innovation Commons: The Origin of Economic Growth[M].Oxford: Oxford University Press.

ROSE C.1986.The comedy of the commons: custom, commerce, and inherently public property[J].The University of Chicago Law Review, 53(3): 711-781.

WEBB S, WEBB B.1897.Industrial Democracy[M].London: Longmans, Green, and Co..

Democratic Management of Platform Enterprises in the Gig Economy: Rethinking Based on Theory of Commons

Wei Wei, Han Siyi, Chen Jin

Abstract: The popularity of the digital economy and the emergence of new formats have further expanded the group of gig workers, and the emergence of algorithm technology has directly created huge benefits for the platform. The continuous upgrading and iteration of algorithms has not only created information resources, but also spawned many problems of lack of rights and interests, and how to achieve reasonable governance of platform digital resources and protect the legitimate rights and interests of gig workers has become an important issue in current development. The self-organized governance model in the commons theory provides a new theoretical perspective, attaches importance to the participation and management awareness of gig workers, participates in platform governance as a "third-party organizer", and can better protect its own rights and interests. Based on the theory of commons, this paper examines how platform enterprises can improve the participation awareness of gig workers through unique democratic management methods, protect their labor rights and realize effective platform governance through the analysis of the democratic management ideas embodied in the constitution of "Angang Iron and Steel Corporation", and take Meituan as a research example of democratic management of platform enterprises, in order to provide new theoretical direction and guiding significance for future platform governance.

Keywords: Gig Economy; Democratic Management; Theory of Commons; Self-organization; Platform Governance

B型企业运动如何推动向利益相关者资本主义转型

孟睿思

摘　要：新冠疫情带来的经济衰退和失业暴露了股东资本主义经济的重大缺陷。在当今主要经济体普遍接受的意识形态中，企业的目标主要是获取利润。本文解释了什么是利益相关者以及为什么他们对业务运营很重要，重点关注了采用利益相关者治理、重视报告透明度、对管理实践和进展进行经常性评估，以及对其影响进行第三方独立审查的B型企业运动，阐述了B型企业运动开发的工具和流程如何使企业真正实施利益相关者治理，并以问责制的方式实施。最后，用案例说明B型企业模式有助于公司系统地吸引广泛的利益相关者——员工、消费者、社区、供应商和投资者。

关键词：B型企业　共益企业　利益相关者资本主义

一　引言

新冠疫情带来的经济衰退和失业暴露了股东资本主义经济的重大缺陷。在当今主要经济体普遍接受的意识形态中，企业的目标主要是获取利润。任何企业中的其他利益相关者，如环境、企业经营所在的社区和雇用的员工，都被视为"外部性"，换句话说，这不是企业关心的问题。但是，消费者——一个庞大的利益相关者群

作者简介：孟睿思，博士，剑桥大学贾奇商学院Sinyi中国管理讲席教授，研究方向为社会创新和变革、中国企业的可持续发展。
本文译者：庞宁婧。

体——开始要求不良行为者对其不惜一切代价获利的行为负责。电子商务巨头亚马逊（Amazon）解雇了两名技术员工，这两名员工在疫情早期曾公开批评其仓库的安全和工作条件，随后亚马逊股价下跌（Porter，2020）。Supercheap Auto 汽车公司和其他汽车零部件公司在利用疫情进一步推迟向小供应商支付账单后，很难找到供应商（Wiggins，2020）。一些大公司虽然财务状况稳定，如伯灵顿百货公司、斯台普斯百货公司、维多利亚的秘密公司和奢侈品企业集团路易威登集团，但它们因为疫情拒绝向当地商场出租，受到了当地消费者的冷遇（Fung，2020）。这些来自公众的批评要求企业考虑和照顾他们的生活以及所生活的自然环境，他们呼吁更广泛地采用利益相关者治理模式，建立更加公平公正的国际经济秩序。

在新冠疫情发生之前，一些知名企业家就已经意识到进行这种转变的必要性。2019 年 8 月 19 日，颇具影响力的商业圆桌会议（Business Round Table，BRT），一个代表美国大型公司的具有广泛影响力的贸易团体，发布了一份声明，宣布公司的宗旨应该是维护所有利益相关者的利益，这些利益相关者包括消费者、员工、供应商、社区和股东等。这是一个巨大的变化，因为几十年来，股东回报最大化一直是商业世界的指导原则，尤其是对于 BRT 所代表的大型上市公司而言。这一声明标志着大型企业战略重点的潜在重大转变。然而，机构投资者理事会（Council of Institutional Investor，CII）表示，"对所有人负责意味着不向任何人负责"，因为它削弱了股东权利，"没有提出新的机制来建立董事会和管理层对任何其他利益相关者的责任"（The Council of Institutional Investors，2020）。

诚然，如果没有问责制，这种言论只能是空洞的承诺，只是为了显得关心他人，甚至可能是为了"漂绿"，即一家公司故意强调其记录中更值得社会或环境称赞的方面，而不是真正采取实质性行动。例如，在新冠疫情期间，BRT签约方万豪（Marriott）解雇了其大部分美国员工，同时向股东支付了1.6亿多美元的股息，并寻求为其CEO加薪（The New York Times，2020）。因此，BRT的首席执行官要想言行一致，就必须建立机制来调整其治理结构和运营，以创造利益相关者的价值，而不仅仅是向股东交付价值。此外，他们必须努力提高透明度和建立问责制，否则，对利益相关者治理的关注将是空洞的，或者像CII的评论所说的那样，"为管理不善的人提供隐蔽的地方"（The Council of Institutional Investors，2020）。

2020年，考虑到对美国GDP下降的预测以及美国各地小型实体零售商的黯淡前景，一种涵盖所有利益相关者和利润的商业方法比以往任何时候都更为重要。但是，许多企业并不太清楚利益相关者理论的发展历史，在这一方面的实践经验也比较有限。本文的目的是解释什么是利益相关者，以及为什么他们对业务运营很重要。本文突出了采用利益相关者治理、报告透明度、对管理实践和进展进行经常性评估，以及对其影响进行第三方独立审查的企业运动：认证B型企业（B Corp）[①]。

B型企业运动提供了一种新的商业模式，可以对其利益相关者负责和保持透明度，并在衡量和管理利益相关者影响方面坚持高标

[①] B型企业是指Benefit Corporation和B Corp™，两者都是共益企业。Benefit Corporation（针对美国境内公司）是一种受美国法律保护的公司类型，在美国通过了共益企业法案的一些州，企业可以选择这种兼顾股东与更广泛社会利益的新企业形态；B Corp™（针对美国境外公司）是一种需要审核认证的公司类型，全球所有企业都可以使用BIA进行免费测评，测评得分达到80分及以上的企业，可以申请认证成为"共益企业"。——译者注

准。这些标准将真正的利益相关者治理与许多公司的企业社会责任（CSR）倡议区分开来，因为企业社会责任大多数不涉及业务核心。例如，在家用产品行业，美国的美方洁公司（Method）和七代公司（Seventh Generation）通过提供天然、无毒和可生物降解的产品，向化学清洁和家用产品行业发起了挑战。美国户外运动服装品牌巴塔哥尼亚（Patagonia）和阿什利塔（Athleta）等一直在通过回收或重新利用来解决服装浪费问题。在教育领域，劳瑞德教育（Laureate）一直致力于为公共服务稀缺的群体提供可获得和负担得起的优质高等教育——几乎一半的劳瑞德学生来自公共服务不足的群体。这些公司都是 B 型企业，它们展示了关注利益相关者的企业如何在社会中发挥积极作用，并通过有效的利益相关者管理产生更多回报。

基于笔者为最新著作《商业进化：B 型企业运动如何改变资本主义》（*Better Business*：*How the B Corp Movement Is Remaking Capitalism*）所做的研究，本文旨在阐明 B 型企业运动的变革模式是如何实现利益相关者治理和问责制的。

二 利益相关者管理的概念及其重要性

利益相关者被定义为"能够影响或受到组织目标实现影响的任何团体或个人"（Freeman，2010）。更狭义地说，他们是"自愿或非自愿为（公司的）财富创造能力和活动做出贡献的个人和群体，因此是其潜在的受益人或风险承担者"。管理利益相关者可以被认为是"管理扩展的企业"（Post et al., 2002）。

戦略管理的利益相关者方法将公司的长期成功视为其与利益相关者（包括员工、消费者、政府、投资者、供应商和社区）之间关系的函数。从这个角度来看，公司的最终目的是为所有利益相关者创造和提供福利或价值，而这一目的的实现取决于这些利益相关者的合作和支持，他们也为公司提供关键资源。

通常，个人利益相关者可以从公司获得三种类型的利益：基于个人价值观的功能利益（Functional Benefits）、心理效益（Psychosocial Benefits）和"理想的最终状态"（Desirableend-states）利益。功能利益是指个人从公司政策或活动中获得的有形利益，例如员工通过制造个人防护设备（Personal Protective Equipment，PPE）学习具体技能，并参与公司发起的健康倡议项目。心理效益则是功能利益和利益相关者对公司活动的认知和参与的结果。在健康倡议项目中，员工可以通过参与这些项目实现心理效益——工作和生活融合，他们的感知和参与使他们感到公司关心他们关心的事业。这令这些员工达到"理想的最终状态"——他们觉得自己的工作和个人生活是和谐的（Bhattacharya et al., 2009）。企业发起健康倡议的三种利益相关者回报示例见表1。

表1　企业发起健康倡议的三种利益相关者回报示例

利益相关者的回报	患者	消费者	投资者	员工
功能利益	改善健康情况		股票回报，低风险	使用专业技能帮助个人事业
心理效益	社会认可	利他主义引起的共鸣	公认的财务成功	工作生活一体化
理想的最终状态	自信	健康幸福	成就感	和谐感

资料来源：改编自 Bhattacharya、Korschin 和 Sen（2009）的框架。

随着个人利益相关者的收获超越了纯粹的功能利益，利益相关者与公司的关系在质量上有所改善：从对职能角色的满足，到基于信任和承诺的关系，再到利益相关者认同公司并支持其他利益相关者的工作。如果一家公司的关系建立在信任和承诺的基础上，那么它将从中受益，如果利益相关者对公司产生认同感，那么它就能够充分利用这些关系（Bhattacharya et al., 2009）。例如，当客户信任公司，继续从公司购买产品并向他人推荐其产品时，公司与消费者的关系可以增加其收入。牢固的公司员工关系可以提高生产力，从而提高公司的财务业绩（Gittell et al., 2006）。

在抗击新冠疫情的过程中，涌现了一批运用利益相关者管理面对压力和危机的例子。与投资者和客户沟通，了解公司如何应对这一挑战，有助于建立良好的声誉，从而提升客户忠诚度和增强投资者信任。例如，新西兰一家提供咨询服务的B型企业Redvespa一直强调与其利益相关者进行公开沟通和互动。在新冠疫情期间，其销售团队一直在与消费者分享计划，并适应不断变化的客户需求（Caccioppoli, 2020）。

有效的利益相关者管理可以巩固利益相关者的支持，并提高公司的财务业绩。但更重要的是，它有助于风险管理（Orlitzky et al., 2003; Wang and Choi, 2013; Henisz et al., 2014; Berman et al., 1999）。正如机构投资者黑石（Black Rock）首席执行官拉里·芬克（Larry Fink）在其年度信函中所写："强烈的目标感和对利益相关者的承诺有助于公司与客户更深入地联系，并适应不断变化的社会需求。"（Black Rock, 2019）与不同利益相关者之间的良好关系促进了各利益相关者间的相互依赖，从而建立了稳定性和灵活性；这反过来又使企业能够吸收外部干扰，并为干扰制定替代解决方案（DesJardine et al., 2019; Sajko et al., 2020）。

学术研究表明，对员工、供应商、客户和社区的承诺使公司能够在更长的时间内保持当前的竞争优势，并帮助效率较低的公司更快地从不利地位中恢复过来（Choi and Wang, 2009）；公司参与旨在服务社区的社会倡议可以提供"保险般"的好处，因为当负面事件发生时，这些公司的价值（即股票价格）损失较小（Godfrey et al., 2009）。即使在2008年全球金融危机的情况下，与利益相关者高度接触的公司也能够比其他公司恢复得更好、更快（DesJardine et al., 2019; Sajko et al., 2020）。

从利益相关者的角度管理企业的重要性不仅仅在于创造财务利益和保护企业免受干扰。世界经济论坛（World Economic Forum, WEF）创始人兼执行主席克劳斯·施瓦布（Klaus Schwab）在2020年1月表示："企业现在必须充分接受利益相关者资本主义，这意味着不仅要实现利润最大化，还要与政府和社会合作，利用其能力和资源来解决这十年的关键问题。它们必须积极地为一个更具凝聚力和可持续性的世界做出贡献。"（World Economic Forum, 2020）

三 B型企业运动如何实现利益相关者管理

正如前面所提到的那样，对BRT、WEF和Black Rock等组织的利益相关者的关注受到了抨击，因为它被视为潜在的空谈。为了确保有效的利益相关者管理，需要建立问责机制。本节阐述了B型企业运动的两项基本创新——共益企业（一种新的企业法律形态）和共益影响力评估工具（B Impact Assessment，BIA）——如何帮助公司以实质性和负责任的方式实现利益相关者治理。

（一）采用与利益相关者保持一致的治理结构

共益企业（Benefit Corporation）是一种新的公司形式，意味着公司除了致力于在财务上赢利，还致力于对社会和环境产生积极的实质上的影响。采用共益企业治理模式，不仅允许并要求企业家在考虑股东利益的同时考虑利益相关者的利益，而且还为担心吸收外部资本可能导致公司"偏离"其社会使命的创始人提供了保护。营利性企业处理利益相关者利益的司法案例体现了这种结构的必要性。当福特（Ford）公司提高员工的福利水平时，股东道奇（Dodge）对其提起诉讼，并因未履行最大化股东价值的信托义务而败诉。当克雷格列表网（Craigslist）致力于提供慷慨的社区服务（这是其成立以来企业文化的一部分）时，它以同样的理由输掉了股东易贝（eBay）提起的诉讼。因此，为了使公司真正成为利益相关者驱动的公司，这一原则需要嵌入其基本的法律结构中。

这种法律形式扩大了董事的受托责任，他们需要考虑其决策对广泛的利益相关者而不仅仅是股东的影响。经认证的B型企业可以注册为共益企业，只有通过了必要的共益企业立法的地方注册的公司才能使用。这包括Kickstarter、King Arthur Flour、Laureate Education、Patagonia和Plum Organics等著名公司。此外，出于透明度原因，共益企业需要定期发布一份遵循第三方标准的《共益报告》，用于评估和报告必须展示给所有股东的社会和环境指标。美国的 36 个州和哥伦比亚特区以及波多黎各、意大利、哥伦比亚、厄瓜多尔已经通过了共益企业法案，超过 10000 家美国公司已注册为共益企业。

（二）对利益相关者的问责制和透明度

为了获得认证，B 型企业必须接受非营利组织共益实验室（B-Lab）开发的共益影响力评估工具的测试，以衡量其整个运营产生的社会和环境影响。要获得 B 型企业的资质，企业必须在 BIA 测评中获得不低于 80 分的成绩。B 型企业认证验证了公司对不同利益相关者群体的承诺。BIA 是对公司运营的整体评估，分为五个领域：公司治理、员工、社区、环境和消费者。BIA 是免费的，并可以根据公司规模、行业和地理位置进行定制，因此每个公司都可以使用它。BIA 的标准化组件为长期管理业务提供了一个整体和系统的模型。公司可以使用不同的组件来指导特定利益相关者的管理。截至 2020 年，已经有来自 150 个行业和 71 个国家的 3000 多家公司被认证为 B 型企业（B-Lab，2020a）。

虽然成为 B 型企业最初对许多大型公司来说可能是一个挑战，例如 BRT 公司，但短期内它们可以采取一些措施。它们可以从使用 BIA 作为利益相关者绩效管理工具开始，评估部分业务和供应商。BIA 的得分衡量了一家公司在五个不同领域的表现。今后，这些公司可以承诺在选定的 BIA 领域内对关键利益相关者指标进行同比改进。截至 2020 年，已有 50000 多家公司使用 BIA 来衡量其影响（B-Lab，2020b）。

BIA 分数低于 80 分的公司仍然可以被认证为 B 型企业，因为 B 型企业和合法的共益企业是分开的：前者是由非营利组织共益实验室运营的企业认证计划；后者是一种类似于 C 型公司的符合法律规定的企业形式。

四　管理特定的利益相关者：来自 B 型企业的案例

本节分别讨论五个主要利益相关者——员工、消费者、社区、供应商和投资者的文献，并做如下总结：（1）公司如何有效地与该利益相关者接触；（2）典型的 B 型企业如何为该利益相关者创造价值；（3）B 型企业如何从为利益相关者服务中获益。虽然 B 型企业被用作示例，但需要注意的是，此类策略适用于所有公司。

（一）员工

没有员工，公司就无法生存和追求其目标。员工完成公司提供的产品或服务的生产。他们的生产力和工作质量对于公司在市场上的竞争至关重要。这就是为什么许多经理在人力资源实践中努力提高员工满意度和留任率，并希望获得员工的承诺和付出。

B 型企业以多种创新的方式雇用员工，提供的福利通常超过传统公司提供的平均医疗保险和人力资源政策。B 型企业还为重要的社会问题做出了贡献，例如公平的工资、就业机会的多样性和提高生活质量。这些理念都融入 B 型企业的日常文化中，通常还伴随着绩效的提高等额外的好处。

员工利益相关者管理具有以下几种最佳实践方式和益处：为员

工提供能够维持生活的工资和福利，这是有效的利益相关者管理的基石；促进工作场所的公正、公平、多样性和包容性，可以提高公司的战略能力；提供有效的员工参与，可以吸引更多的潜在员工，并提高员工留任率、创新能力和绩效。下面分别进行阐述。

1. 能够维持生活的工资和福利

B 型企业注重公平的员工薪酬。例如，近 90% 的 B 型企业为员工支付能够维持生活的工资。有些 B 型企业则支付更多（Ortiz，2016），例如，美国绿山电力（Green Mountain Power）公司的最低员工工资比能够维持生活的工资高 25%，美方洁公司支付的工资则高出 40%。

许多 B 型企业还提供影响员工生活方式的福利。例如，大自然（Natura）公司为员工提供现场冥想室，根据其健身计划（Get Fit）为健身房会员提供 500 美元的补贴，以及提供公司的有机食品花园。欧奇美（Alchemist）公司的员工福利包括每周上瑜伽课，拥有备满美味食物的厨房，还有一名厨师为员工准备午餐。美国贝吉獾公司（W.S. Badger Company）有一个婴儿室（Babiesat Workprogram），允许员工带着他们的婴儿上班，直到他们 6 个月大或有能力爬行为止（W.S.Badger Company，2020）。

这些福利也会对员工的职业生涯产生深刻影响。博乐克（Boloco）公司为主要讲西班牙语的员工提供英语课程和领导力培训，以帮助员工在社会中进步。此外，2019 年，博乐克公司每年都会提高其最低工资和员工的平均工资，大约为每小时 15.25 美元。格雷斯顿面包店（Greyston Bakery）有一项开放的招聘政策，欢迎移民和难民、经济弱势群体、各种信仰和性取向的人以及以前被监禁的人。犀牛食品（Rhino Foods）公司有一个收入预支计划，为员工提供紧急情况补助金。在实施该政策最初的10年里，该计划为379名员工提供了380040美元，帮助他们挽救信用记录并与银行建立关系。

2.促进工作场所的公正、公平、多样性和包容性

吸引员工的一个关键是采取有效的方法来促进工作场所的公正、公平、多样性和包容性。除了具有包容性的社会正义理由，研究表明，解决这些问题可以提高员工的绩效、忠诚度和参与感，同时改善他们对自己职业和组织的看法（Hicks-Clarke et al., 2000; McKay et al., 2011; King et al., 2012; Milliken and Martins, 1996; Andrevski et al., 2014; Nishii, 2013; Shore et al., 2011; Bell et al., 2011）。当工作场所关注员工的幸福和快乐时，员工不仅感觉到自己受到重视，而且渴望工作。有效的工作场所多样性管理为工作场所营造了礼貌和谦让的氛围，能够提高员工留任率、创新能力和组织的发言权，还可以提升销售业绩（Kaplan et al., 2011; King et al., 2011; Blackmon, 2003; Richard et al., 2017; McKay et al., 2011; Yang and Konrad, 2011）。

2016年，共益实验室发起了包容性经济挑战（Inclusive Economy Challenge），邀请B型企业从一系列不同的主题中设定并实现三个具体的可衡量的目标：支持弱势工人、缓解气候变化和供应商筛选。包容性经济挑战的目标是创造一个公平的、多样化的、包容的经济环境，这是企业价值观的核心，覆盖招聘、采购等方面，甚至涉及企业的所有权。在最初两年，250多家公司参加了会议，共同实现了887个可衡量的包容性目标（B-Lab，2020c）。

它们在诸多问题上取得了可衡量的进展，如跨种族和性别的公平薪酬，兼职员工和合同工的公平福利，共享所有权、劳动力和董事会多样性，以及可再生能源，等等。尽管多样性在这一挑战中发挥着重要作用，但包容性同样重要，它包括育儿假以及为低收入群体或少数弱势群体提供提高收入和增加财富的机会。

3. 吸引和留住员工

B 型企业不仅吸引了热情的、社会驱动型的员工，而且还延长了他们在该企业的工作年限。由于 B 型企业有责任在工作场所照顾员工并鼓励员工参与，它们吸引了许多渴望长期工作的优秀员工。例如，贝吉獾公司的平均员工任期超过五年，而犀牛食品公司自开始实施收入提升计划以来，员工留任率提高了 36 个百分点。

（二）消费者

消费者可以通过提高品牌忠诚度来奖励好公司，也可以通过抵制购买来惩罚臭名昭著的公司。管理与客户的长期关系对公司的可持续发展至关重要。B 型企业以高质量和可持续性标准吸引消费者。该认证将 B 型企业与传统的营利性公司和非营利组织区分开来，并帮助消费者将其价值观与他们光顾的公司联系起来。千禧一代[①]和 Z 世代[②]是高度参与的消费者，他们关心公平和可持续性。研究表

---

① 千禧一代（Millennials），是指出生于 20 世纪且 20 世纪时未成年，在跨入 21 世纪（即 2000 年）以后达到成年年龄的一代人。——译者注

② Z 世代，也称为"网生代""互联网世代""二次元世代""数媒土著"，通常是指 1995 年至 2009 年出生的一代人，他们一出生就与网络信息时代无缝对接，受数字信息技术、即时通信设备、智能手机产品等影响比较大。——译者注

明，这一不断增长的群体愿意为世界各地的社会和环境问题产品支付额外费用：Good.Must.Grow 发布的 2017 年调查发现，61% 的美国人认为从对社会负责的公司购买产品很重要（Good.Must.Grow，2020）。另一项调查发现，全球 73% 的千禧一代愿意为他们认为可持续的产品支付额外费用，这些产品来自商业向善的企业（Nielsen，2015）。关于公平贸易认证（Fair Trade Certification）的研究发现，美国有 50% 的千禧一代在公司宣称其社会或环境使命时会寻找证据（Fair Trade Certified，2020）。

消费者利益相关者管理具有以下几种最佳实践方式和益处：为客户提供高质量的产品和服务，这是利益相关者管理的首要目标；真诚行事，保持高标准的质量和可持续性，有助于公司与客户建立宝贵的关系；对客户广泛承诺，这将为公司带来更大的市场价值和品牌忠诚度。下面分别进行阐述。

1. 提供高质量的产品和服务

许多 B 型企业提供特意生产的高质量产品来做"好生意"，而不会鼓励盲目消费。例如，巴塔哥尼亚公司不仅鼓励顾客"少买"（buyless），还在全国各地组织研讨会和旅行，教人们如何在家修补自己的服装。大多数 B 型企业致力于为其产品使用清洁和安全的配料；投资于可再生材料、清洁能源和可持续资源；减少浪费和污染。鞋类制造商欧布斯（Allbirds）专注于用天然材料制造可持续的鞋，并向包括竞争对手在内的所有人开放了其鞋底材料"Sweet Foam"的生产流程，该材料由甘蔗制成，是一种完全可再生的资源。Sweet Foam 的基础树脂的生产是负碳的，这意味着这个过程实际上像树木一样清洁了大气。另一个例子是绿山电力公司，这是一家公用事业公司，其目标是到2025年实现100%无碳能源供应，到2030年实现100%可再生能源供应。

2.真实性的重要性

B型企业与消费者建立联系的一个重要方面是真实性。B型企业和其他使命驱动型企业正从充满空洞的企业社会责任倡议和绿色环保的可持续发展目标的环境中崛起，因此消费者对"虚假负责"企业的警惕是可以理解的。BIA是严格且全面的，因此当消费者看到B型企业产品上显示的B徽标时，他们可以识别该公司在整体影响方面的优势，并开始信任该公司。

3.更大的市场价值和品牌忠诚度

当B型企业强调其对社会和环境事业的承诺时，消费者，尤其是年轻消费者，更有可能忠于该品牌。例如，本杰里（Ben & Jerry）公司研究发现，顾客对其品牌的忠诚度是其他冰激凌品牌的2.5倍。这项研究表明，消费者忠诚度很高，因为消费者相信公司代表着某种东西，而且是真实的。

（三）社区

居住在当地社区的邻居可能是企业的员工、供应商、客户和合作伙伴。社区可以是一个小镇，一个大城市，甚至是一个网络社区，本质上是一个公司的生存空间。社区是应对危机的第一道防线。没有社区的支持，在隔离条件下生存是一个特别的挑战。

B型企业积极参与社区发展。通过各种包容性的社会倡议，B型企业成为社区变革的推动者。此外，共益实验室还与B型企业合作，创建了区域领导小组，称为 B Local groups，重点关注所在城市或州的 B 型企业社区。作为回报，社区作为合作者，支持 B 型企业运动。

社区利益相关者管理的最佳实践方式和益处在于以下几方面：通过包容性社会倡议促进当地社区发展，这是利益相关者积极参与的一个方面；在当地组织运作，有助于公司提升社会参与度和影响力；包容性的参与，使社区成为公司社会倡议的合作者。下面分别进行阐述。

1. 通过包容性社会倡议促进当地社区发展

B 型企业通过其日常运营为当地社区创造重大价值，为其员工提供更好的工资和福利，从事可再生能源和可持续采购，并向其消费者提供优质服务和产品。它们还通过社会倡议促进社区发展，例如为当地弱势群体提供就业机会、鼓励志愿服务和无偿工作、向非政府组织捐款等。

罗山（Roshan）是阿富汗最大的电信供应商，通过改善通信网络，为阿富汗的社会和经济重建做出了贡献。这家 B 型企业还一直在培训医生，为医院提供电信解决方案，为儿童建造游乐场和学校，鼓励体育项目建设和推动青年发展倡议。重要的是，该公司已将女性作为其工作的重点，为她们提供了工作和受教育机会（Werber，2019；Roshan，2019）。摩耶咖啡（Moyee Coffee）没有从南美和非洲国家采购咖啡豆然后在发达国家进行烘焙，而是将烘焙过程保留在咖啡豆原产国的"咖啡带"（coffeebelt），这样就为当地创造了更多的就业机会和利润。通过这一举措，摩耶咖啡改善了当地的工作条件，提高了工人工资，并对这些社区产生了积极影响（Moyee Coffee，2020）。

卡伯特奶油厂（Cabot Creamery）于2015年与Little Pickle Press合作，创作了一本名为《帕特里克·奥沙纳汉厨房里的奶牛》（*The Cow in Patrick O'shanahan's Kitchen*）的图画书，向读者展示他们的食物来自何处，并将15%的净销售额捐赠给了ONE Campaign——一家在世界各地尤其是在非洲防治可预防疾病和赤贫的非营利组织。卡伯特奶油厂还与各个B型企业合作开展奖励志愿者计划。参与者通过应用程序或在线小工具记录他们志愿服务的小时数，这使他们有资格赢得其他B型企业的奖品，如亚瑟王面粉（King Arthur Flour）、园艺师用品（Gardener's Supply）和神圣巧克力（Divine Chocolates）（Diorio，2015）。位于丹佛的室内农场Grow Haus与B Local Colorado一起组织活动，通过为公司和个人提供志愿服务机会，鼓励个人的B型服务（B of Service）。劳瑞德教育（Laureate Education）在其每个机构都有一个企业公民计划，重点是志愿服务、社区发展和公益工作。

2. 在当地组织运作，提高B型企业的社会参与度和影响力

从基层开始，共益实验室与当地的B型企业合作，创建了专注于所在城市或州的B型企业社区的领导小组。它们聚集在正式组建的B型企业地区董事会上，或通过社交网络非正式地举办活动，鼓励新企业参与B型企业运动。这些公司聚在一起分享创意和最佳实践，并互相支持。在某些情况下，它们可以为志同道合、使命驱动的公司创造一个更友好的环境。

3. 使社区成为公司社会倡议的合作者

企业运营所在的社区也可以成为企业社会倡议的合作者。当企业变得更具战略性时，它们可以创建经济集群——"企业、相

关企业、供应商、服务提供商和物流基础设施在特定领域的地理集中"——从而提高企业的生产力和社区的福利（Porter and Kramer, 2011）。企业还可以形成社会集群，从而提升社会和环境影响。事实上，研究表明，当地社区的特点，如共识、规范和规则，对企业的社会行为有着较大的影响（Marquis et al., 2007; Marquis and Lounsbury, 2007; Marquis et al., 2013）。

（四）供应商

供应商为企业提供原材料、半成品、机器和设备。资源供应的质量和可持续性对企业的生存和发展起着重要作用。企业与其供应商之间的相互信任确保了企业具有竞争力的费用和效率。供应链上的相互依赖使得维持供应商的生存显得十分必要。

许多B型企业将其高质量标准延伸至整个供应链。B型企业鼓励并动员非B型企业和其他供应商及合作伙伴加入B型企业运动。BIA是有效的可持续发展工具，许多B型企业鼓励其供应商进行BIA测评。通过这种方式，供应商能够通过提供经过有意识生产过程的高质量资源来创造内在利益。

供应商利益相关者管理的最佳实践方式和益处在于以下几方面：激励公司将高质量标准延伸至整个供应链；对供应商的做法进行仔细检查，促进供应链的转型，鼓励现有或潜在供应商保持透明和负责；提高生产力和质量，强化使命承诺。下面分别进行阐述。

1. 将高质量标准延伸至整个供应链

当公司沿着供应链延伸其标准时，它们不仅可以创造社会价值，还可以提高产品质量和降低成本。事实上，许多公司已经对其供应链和其他合作伙伴进行了选择，许多 B 型企业现在优先考虑其他 B 型企业作为供应商。例如，本杰里公司一直在从犀牛食品公司购买饼干面团，从格雷斯顿面包店购买巧克力蛋糕；七代公司已设定目标，只从符合 B 型企业认证资格的公司购买产品；亚瑟王面粉和 COOK Food 公司也致力于实现类似的目标。对于希望与志同道合的企业合作的目标驱动型公司，B 型企业认证成了一种筛选标准。

2. 鼓励现有和潜在供应商保持透明和负责

B 型企业正在通过鼓励或要求现有和潜在供应商完成 BIA 或精简版 BIA 来改变其供应链。如果可能的话，B 型企业也经常帮助它们的供应商成为 B 型企业。例如，大自然公司为其供应商创建了一个基于 B 型企业价值的电子投标系统。BAMA 公司要求其供应商进行可持续性调查，该公司正努力让排名前 25 位的供应商完成缩减后的 BIA。除了重新审视其供应链，许多 B 型企业还在其行业和地理区域内建立合作伙伴关系，以相互支持和进行更广泛的变革。例如，巴塔哥尼亚公司领导了一个由 5 个 B 型企业组成的团队，这是有史以来第一次建立的此类伙伴关系。他们创建了一个 3500 万美元的税收权益基金，使成千上万个家庭可以使用太阳能：巴塔哥尼亚公司是税收权益投资者；Kina'ole 是基金经理；New Resource 银行和 Beneficial State 银行是贷款人；Sungevity 提供了太阳能。另一个例子是，废物管理技术公司 Rubicon Global 与 World Centric 合作，鼓励其客户使用 World Centric 的产品，以减少垃圾填埋场中的废物。

3. 提高生产力和质量，强化使命承诺

对供应链的仔细检查有助于公司更好地了解其供应商在可持续性方面的表现。随着越来越多的供应商融入 B 型企业模式，合作关系逐渐转变为建立在共同信念和理解之上的关系，以确保信任与合作。这反过来可以提高生产力和质量，重要的是，进一步使公司的整体运营与其社会使命保持一致。例如，意大利橄榄油公司 Fratelli Carli 为其供应商制定了一套准则，称为"Codici"，以确保其所有产品都是可持续的，并对供应商定期进行质量保证审查，除了加强对环境、生态系统、农民和工人的保护，还使生产链更短、更高效。在另一个例子中，Bancolombia 要求大约 150 家供应商使用完整的 BIA，并在 2016 年报告其结果，其中 100 多家供应商这样做了。根据报告，在这些公司中，女性占据了 36% 的行政职位，其中 68% 的公司制定了环境政策，在当年创造了 17500 个工作岗位。让供应商完成 BIA 有助于 Bancolombia 更好地了解其供应链的规模和组成，这反过来提升了这家银行向客户提供"更加人性化的银行"（more human banking）的使命担当。

（五）投资者

当企业面临资金短缺或需要扩大生产规模的时候，投资者向其提供资金。他们可以是向企业提供贷款的债权人，也可以是购买并拥有公司股权的股东。公司对所有投资者负有有效管理其投资的受托责任。当越来越多的投资者担心社会和环境影响时，他们会从责任较小的公司撤资，投资于符合这些预期的公司。

当投资者在投资社会和环境解决方案的同时追求经济回报时，B型企业成为一个显而易见的选择。与此同时，考虑社会和环境影响的投资者在支持B型企业的发展方面发挥着关键作用。因此，它有助于B型企业和投资者创造长期价值并降低短期风险。

投资者利益相关者管理的最佳实践方式和益处在于以下几方面：动员投资者采取行动，通过有效的利益相关者管理解决更广泛的社会问题；在指标和透明度上保持一致，这对于推动长期投资至关重要；呼吁新的人口结构、低风险和长期可持续性。下面分别进行阐述。

1. 动员投资者采取行动解决更广泛的社会问题

如今，公众正逐步要求公司为社会做出积极贡献；他们要求企业采取行动，解决更广泛的社会问题，包括不平等、歧视和气候变化。

这使不同时重视社会价值创造和财务回报的投资者陷入两难境地。一方面，投资者希望得到保证，即他们投资的是社会倡议的"正确的"公司，这会增加或至少不会减损他们的利益。早期，自从GIIN和SOCAP作为领导者和召集人出现以来，这一朝着影响力投资方向发展的举措一直受到关注。另一方面，公众作为普遍股东，本身也要求投资者，特别是机构投资者负责任并为社会目的服务。像股东共享（Shareholder Commons）这样的组织的成立正在引领这一改变。投资者被驱使着投资负责任的企业。他们面临的挑战是如何筛选不因CSR而被索赔的公司。

B型企业运动的兴起从多方面帮助投资者应对挑战。首先，日益多样化的B型企业社区服务着一个以可持续和高质量为标志的投资类别。B型企业在社会和环境绩效方面的高标准保证了它们在创造社会价值方面的承诺，减少了其遭受公众批评的可能性。对于厌恶风险的投资者来说，B型企业是一个不错的选择，因为它提供了传统公司通常无法提供的好处，例如长期可持续性、风险缓解和管理质量。许多投资公司，包括主流公司，如美国普信集团（T.Rowe Price）、富达国际（Fidelity Management）、老虎全球管理基金（Tiger Global Management）和科尔伯格·克拉维斯·罗伯茨公司（Kohlberg Kravis Roberts & Co., KKR）——一个经典的"老派企业掠夺者"和杠杆收购的先驱，一直在投资B型企业。前三家公司投资了可持续鞋类初创公司欧布斯，这是一家成立于2015年并于2016年获得认证的B型企业，而KKR一直在支持劳德瑞教育，这是一家成立于2015年的B型企业和第一家公开上市的共益企业。

2. 在指标和透明度上保持一致

对于那些希望在追求经济回报的同时投资于社会解决方案的投资者来说，BIA是管理其投资组合的强大工具。通过鼓励其投资组合中的公司进行BIA，他们可以更好地了解这些公司的社会和环境影响，识别其弱点，然后做出改进。例如，总部位于伦敦的桥梁基金管理公司（Bridges Fund Management）让其投资组合中的企业接受BIA，并利用其分数查看其不足之处，以及它们可以帮助环境倡议和人力资源管理这两个重点领域的部分。如果无法完成完整的BIA，投资者可以使用BIA的部分测评来指导它们的工作。例如，总部位于波士顿的社会投资先锋延龄草资产管理公司（Trillium Asset Management）在其倡导的工作中一直使用BIA的部分测评。延龄草公司专注于工作场所实践，要求其投资组合公司制定多元化的和具有包容性的计划，而不是要求它们完全符合 B 型企业模式。2016 年，延龄草公司敦促 JB 亨特运输服务公司（J.B.Hunt Transport Services）采取一项政策，禁止基于性取向、性别认同和性别表达的歧视，股东投票以 54% 的赞成票通过该提案（Colby，2016）。

3. 呼吁新的人口结构、低风险和长期可持续性

参与 B 型企业运动有助于投资者，尤其是机构投资者通过投资与他们持有共同价值观的企业，吸引新的客户并更好地为他们服务。千禧一代大约已经占据了劳动力的一半人口，他们将在未来几十年继承约 30 万亿美元的资产（Pelosi，2018）。这一代人比老一辈人更愿意消费他们认可的产品和业务。当他们成为资产所有者和投资者时，他们的价值观和偏好将提高投资理念中对可持续性的重视程度。通过投资 B 型企业或利用 BIA 管理其投资组合，他们与 B 型企业保持一致的价值观，有助于机构投资者在这个新的投资时代中占据一席之地。许多金融服务公司，包括风险投资公司、商业银行、财富管理公司和保险公司本身就是 B 型企业。

公司每天都面临激烈的竞争和困境，以及日益提高的对问责制的要求。这迫使投资者通过优先考虑做出可靠社会承诺的公司降低其投资风险。对于投资者及其目标公司而言，接受 B 型企业运动可以推动他们建立基于相同基础的合作伙伴关系，具有长期可持续性。

五　结论

总之，越来越多的人呼吁企业更加关注利益相关者，但许多企业都不知道如何做到这一点。笔者最近的一本书《商业进化：B 型

企业运动如何改变资本主义》阐述了B型企业运动开发的工具和流程如何使企业以问责制的方式真正实施利益相关者治理。在将业务从股东至上转变为以利益相关者为中心的过程中，B型企业模式也有助于公司系统地吸引广泛的利益相关者，如员工、消费者、社区、供应商和投资者。

参考文献

ANDREVSKI G, RICHARD O C, SHAW J D, et al.2014.Racial diversity and firm performance: the mediating role of competitive intensity[J].Journal of Management, 40 (3): 820-844.

AVEAR D R, VOLPONE S D, STEWART R W, et al.2013.Examining the draw of diversity: how diversity climate perceptions affect job-pursuit intentions[J].Human Resource Management, 52 (2): 175-193.

BELL S T, VILLAGO A J, LUKASIK M A, et al.2011.Getting specific about demographic diversity variable and team performance relationships: a meta-analysis[J].Journal of Management, 37 (3): 709-743.

BERMAN S L, WICKS A C, KOTHA S, et al.1999.Does stakeholder orientation matter？：the relationship between stakeholder management models and firm financial performance[J].Academy of Management Journal, 42: 488-506.

BHATTACHARYA C B, KORSCHIN D, SEN S.2009.Strengthening stakeholder—company relationships through mutually beneficial corporate social responsibility initiatives[J].Journal of Business Ethics, 85: 257-272.

B-LAB.2020a.A global community of leaders[EB/OL].[2020-04-13].https://bcorporation.net.

B-LAB.2020b.B impact assessment[EB/OL].[2020-04-13].https://bimpactassessment.net/?_ga=2.253482121.1037077161.1586769568-1274741240.1586769568.

B-LAB.2020c.Inclusive economy challenge[EB/OL].[2020-04-13].https://bcorporation.net/for-b-corps/inclusive-economy-challenge.

BLACKMON F B K.2003.Spirals of silence: the dynamic effects of diversity on organizational voice[J].Journal of Management Studies, 40 (6): 1393-1417.

BLACK R. Larry Fink's 2020 letter to CEOs purpose & profit[EB/OL].[2019-12-31].https://www.blackrock.com/corporate/investor-relations/larry-fink-ceo-letter.

CACCIOPPOLI L.What the world could learn from B corps in the age of COVID-19[EB/OL].[2020-7-22].https://bthechange.com/what-the-world-could-learn-from-b-corps-in-the-age-of-covid-19-98e55cc7c8cd.

CHOI J, WANG H.2009.Stakeholder relations and the persistence of corporate financial performance[J].Strategic Management Journal, 30: 895-907.

COLBY L.J.B.Hunt majority backs LGBT protection, activist investor says[EB/OL].[2016-04-22]. https://www.bloomberg.com/news/articles/2016-04-21/j-b-hunt-majority-backs-lgbt-protection-activist-investor-says.

DESJARDINE M, BANSAL P, YANG Y.2019.Bouncing back: building resilience through social and environmental practices in the context of the 2008 global financial crisis[J].Journal of Management, 45: 1434-1460.

DIORIO R.It's the why that matters[EB/OL].[2015-11-25].https://www.advisorycloud.com/board-of-directors-articles/its-the-why-that-matters.

Fair Trade Certified.Consumer insights[EB/OL].[2020-01-3].https://www.fairtradecertified.org/business/consumer-insights.

FREEMAN R E.2010.Strategic Management: A Stakeholder Approach[M].Cambridge: Cambridge University Press.

FUNG E.Landlords, Companies clash over rent payments during coronavirus[EB/OL].[2020-04-14].https://www.wsj.com/articles/landlords-companies-clash-over-rent-payments-during-coronavirus-11586865600.

GITTELL J H, CAMERON K, LIM S, et al.2006.Relationships, layoffs, and organizational resilience airline industry responses to september 11[J].Journal of Applied Behavioral Science, 42 (3): 300-329.

GODFREY P C, MERRILL C B, HANSEN J M.2009.The relationship between corporate social responsibility and shareholder value: an empirical test of the risk management hypothesis[J]. Strategic Management Journal, 30: 425-445.

Good.Must.Grow.Stress of current events is generating apathy among americans says fifth annual conscious consumer spending index（#CCSIndex）[EB/OL].[2020-01-3].https://goodmustgrow.com/cms/resources/ccsi/ccsindexrelease2017.pdf.

HENISZ W J, DOROBANTU S, NARTEY L J.2014.Spinning gold: the financial returns to stakeholder engagement[J].Strategic Management Journal, 35: 1727-1748.

HICKS-CLARKE D, LLES P.2020.Climate for diversity and its effects on career and organisational attitudes and perceptions[J].Personnel Review, 29 (3): 324-45.

KAPLAN D M, WILEY J W, MAERTZ C A.2011.The role of calculative attachment in the relationship between diversity climate and retention[J].Human Resource Management, 50 (2): 271-287.

KING E B, DAWSON J F, WEST M A, et al.2011.Why organizational and community diversity matter: representativeness and the emergence of incivility and organizational performance[J]. Academy of Management Journal, 54 (6): 1103-1118.

KING E B, DAWSON J F, KRAVITZ D A, et al.2012.A multilevel study of the relationships between diversity training, ethnic discrimination and satisfaction in organizations[J].Journal of Organizational Behavior, 33 (1): 5-20.

MARQUIS C, DAVIS G F, GLYNN M A.2007.Community isomorphism and corporate social action[J].Academy of Management Review, 32: 925-945.

MARQUIS C, DAVID G F, GLYNN M A.2013.Golfing alone? : corporations, elites, and nonprofit growth in 100 American communities[J].Organization Science, 24: 39-57.

MARQUIS C, LOUNSBURY M.2007.Vive la resistance: consolidation and community-level professional counter-mobilization in U.S. banking[J].Academy of Management Journal, 50: 799-820.

MCKAY P, AVERYET D R, LIAO H, et al.2011.Does diversity climate lead to customer satisfaction? It depends on the service climate and business unit demography[J].Organization Science, 22 (3): 788-803.

MILLIKEN F J, MARTINS L L.1996.Searching for common threads: understanding the multiple effects of diversity in organizational groups[J].Academy of Management Review, 21 (2): 402-433.

Moyee Coffee.About us[EB/OL].[2020-01-04].https://moyeecoffee.ie/pages/story.

Moyee Coffee.A radically transparent impact report 2017[EB/OL].[2020-01-04].http://impact.moyeecoffee.com/impact-report-2017#!/home-copy-copy-copy-copy-2.

NIELSEN.Consumer-goods' brands that demonstrate commitment to sustainability outperform those that don't[EB/OL].[2015-12-10].https://www.nielsen.com/us/en/press-releases/2015/consumer-goods-brands-that-demonstrate-commitment-to-sustainability-outperform.

NISHII L H.2013.The benefits of climate for inclusion for gender-diverse groups[J].Academy of Management Journal, 56 (6): 1754-1774.

ORLITZKY M, SCHMIDT F L, RYNES S L.2003.Corporate social and financial performance: a meta-analysis[J].Organization Studies, 24: 403-441.

ORTIZ L M.Using business as a force for good[EB/OL].[2016-10-20].https://shelterforce.org/2016/10/20/using-business-as-a-force-for-good-2.

PELOSI P.Millennials want workplaces with social purpose.how does your company measure up[EB/OL].[2018-02-20].https://www.chieflearningofficer.com/2018/02/20/millennials-want-workplaces-social-purpose-company-measure.

PORTER J.Amazon fires two tech workers after they publicly criticized warehouse conditions[EB/OL].[2020-04-14].https://www.theverge.com/2020/4/14/21220353/amazon-covid-19-criticism-protest-fired-employees-cunningham-costa-climate-change.

PORTER M E, KRAMER M R.2011.Creating shared value[J].Harvard Business Review, 89 (1/2): 62-77.

POST J E, PRESTON L E, SACHS S.2002.Managing the extended enterprise: the new stakeholder view[J].California Management Review, 45: 6-28.

RICHARD O C, STEWART M M, MCKAY P F, et al.2017.The impact of store-unit-community racial diversity congruence on store-unit sales performance[J].Journal of Management, 43 (7): 2386-2403.

ROSHAN.Roshan honored as a "best for the world" company by B corp for creating most overall social and community impact[EB/OL].[2019-12-31].https://www.roshan.af/en/personal/about/media/roshan-honored-as-a-best-for-the-world-company-by-b-corp-for-creating-most-overallsocial-and-community-impact/.

SAJKO M, BOONE C, BUYL T.2020.CEO greed, corporate social responsibility, and organizational resilience to systemic shocks[J].Journal of Management, 47 (4): 957-992.

SHORE L A, RANDEL A E, CHUNG B G.2011.Inclusion and diversity in work groups: a review and model for future research[J].Journal of Management, 37 (4): 1262-1289.

The Council of Institutional Investors.Council of institutional investors responds to business roundtable statement on corporate purpose[EB/OL].[2020-04-28].https://www.cii.org/aug19_brt_response.

WANG, CHOI J.2013.A new look at the corporate social-financial performance relationship: the moderating roles of temporal and interdomain consistency in corporate social performance[J]. Journal of Management, 39: 416-441.

WERBER C.The extraordinary story of the only B corp in afghanistan[EB/OL].[2019-12-12]. https://qz.com/work/1765329/roshan-the-extraordinary-story-of-the-only-b-corp-in-afghanistan.

WIGGINS J.Auto parts giants blame pandemic for paying suppliers late[EB/OL].[2020-03-30]. https://www.afr.com/companies/professional-services/covid-19-blamed-for-paying-suppliers-late-20200330-p54f8f.

World Economic forum.Stakeholder capitalism: a manifesto for a cohesive and sustainable world[EB/OL].[2020-01-14].https://www.weforum.org/press/2020/01/stakeholder-capitalism-a-manifesto-for-a-cohesive-and-sustainable-world./

W.S. Badger Company.Babies at work policy[EB/OL].[2020-01-03].https://www.badgerbalm.com/s-19-babies-at-work.aspx.

YANG Y, KONRAD A M.2011.Understanding diversity management practices: implications of institutional theory and resource-based theory[J].Group & Organization Management, 36 (1): 6-38.

How B Corp Movement Enables Shift to Stakeholder Capitalism

Christopher Marquis

Abstract: The economic slowdown and job losses due to the COVID-19 epidemic have exposed significant flaws in the shareholder-based capitalist economy. In the widely accepted ideology that rules today's major economies, the role of business is to focus primarily on profits. The purpose of this article is to explain what stakeholders are and why they are important to business operations. It highlights a movement of businesses that have adopted stakeholder governance with reporting transparency, a recurring assessment of management practices and progress, and third-party, independent review of their impact: Certified B Corporations (B Corps). These companies are all B Corps, and they show how businesses that focus on stakeholders can play a positive role in society and generate increased returns through effective stakeholder management. This paper aims to articulate how the B Corp movement model of change enables stakeholder governance and accountability. Besides, it articulates how the tools and processes developed by the B Corp movement enables companies to authentically implement stakeholder governance and do so with accountability. Cases show that in shifting business from shareholder primacy to a stakeholder focus, the B Corp model also helps companies systematically engage a wide range of stakeholders such as employees, consumers, community, suppliers and investors.

Keywords: B Corp; Benefit Corporation; Stakeholder Capitalism

稿 约

《管理》由中国管理科学学会主办，于2021年创办，中国工程院院士向锦武担任主编，清华大学技术创新研究中心主任陈劲担任执行主编。本集刊以"引领、创新、务实"为宗旨，致力于为国内经济管理领域的学者和研究者、企事业单位管理者及政府管理者提供学术思想和管理实践的高端交流平台，促进其对中国管理理论与实践问题进行重点关注、积极参与和深入研究，促进管理科学的繁荣和管理水平的提高。

一 投稿须知

1. 征稿对象

包括管理学及相关学科领域的海内外学者、高校师生、专业研究人员、企事业单位管理人员、政府管理者等。

2. 栏目设置

管理理论：专业性强的专题文章，突出理论性、思想性，注重逻辑性。

管理实践：关注中国管理实践热点与难点的研究成果。

前沿思想：聚焦国际最新管理趋势和管理理念。

案例研究：深入剖析中国典型案例，从典型案例中引申出普遍性管理之道。

出版时，根据稿件内容进行适当调整。

3. 内容要求

稿件应具有"思想的前沿性、理论的创新性、实践的务实性"，追踪全球前沿管理思潮，聚焦中国本土管理理论与实践，传播企业管理最佳实践经验，聚焦前瞻性管理理念、中国本土经典案例、全球成功管理实践，提倡不同学派、不同观点的碰撞。篇幅在15000~20000字为宜。

二　体例规范

1. 基本要件

包括论文标题、作者署名及单位（包括简介）、摘要、关键词、正文、注释（页下注）、参考文献、英文论文标题、英文作者署名、英文摘要、英文关键词。如涉及资助项目，请注明项目来源和编号［例：国家自然科学基金项目（70232010）］。

2. 论文标题（中英文）

论文标题建议不超过20字。

3. 作者署名及简介

作者署名一般不超过4人。作者简介包括姓名、学历、所在单位（正式全称）、职务/职称、研究方向。

【示例】陈某，博士，某某大学经济管理学院教授、某某大学某某研究中心主任，研究方向为创新管理。

4. 摘要与关键词

摘要应完整、准确概括文章的研究内容，字数在 200~300 字为宜。关键词一般不超过 5 个。中英文摘要和关键词应相互对应。

5. 正文

（1）层级标题

一级标题用"一"，二级标题用"（一）"，三级标题用"1."，四级标题用"（1）"。

（2）图和表

正文中的图、表应遵循"先见文，后见图或表"的原则，且顺序编号（如表 1、表 2、图 1、图 2）；图题、表题应准确、完整。表题居中位于表的上方；若有表注，应空两格写在表底线下左侧。正文中的图应随文出现，图题居中位于图的下方。

（3）公式

文中重要的或后文将提及的公式应用阿拉伯数字连续编序号，序号加圆括号；推导过程的中间步骤应尽可能忽略，各种符号应遵循有关规则；公式中，应按数学中的要求使用正斜体，变量用斜体，常量用正体（如圆周率 π、自然常数 e 等）；函数用斜体（如 f）；微积分符号用正体；转置符号用 T，正体，不用硬撇；向量和矩阵用斜体。特别注意单个字母表示的变量的符号（包括下标）用斜体，多个字母表示的单个变量用正体。书稿中为同一变量的，请注意前后统一的问题，若为同一变量，则大小写、上下角、正斜体都得统一。字母符号请用法定计量单位、符号，以及标准化、规范化的名词、术语。公式中不能用星号"*"代替乘号"×"。

（4）注释

采取页下注的形式，用①、②、③标示。若文中引用十九大等报告、领导人讲话，以及存在带引号的其他引用内容，需说明出处（权威机构发布的期刊或报告，网址必须有效）。格式如下：

【格式】作者:《文章名》，网址（网址为权威出处，必须有效），刊载年—月—日。

【示例】习近平:《决胜全面建成小康社会 夺取新时代中国特色社会主义伟大胜利——在中国共产党第十九次全国代表大会上的报告》，http://www.xinhuanet.com/2017-10/27/c_1121867529.htm，2017-10-27。

6. 参考文献

在正文中，用"著者—出版年"标注参考文献，标注内容由著者和出版年构成，并置于"（ ）"内，中间用"，"分隔。中国、韩国、日本、朝鲜等国家的著者，标注著者的姓名；欧美国家的著者，只需标注姓氏；集体著者，可标注机关团体名称。若正文中已提及著者姓名，则在其后的"（ ）"内只需标注出版年。

【示例】The notion of an invisible college has been explored in the sciences(Crane，1972).

【示例】Margulis 和 Sagan（1999）认为，共生是一种普遍的生物学现象，是在人类出现前很长时期内就存在的。

在正文中引用多著者文献时，对欧美著者只需标注第一位著者的姓，其后附"et al."；对中国著者应标注第一著者的姓名，其后附"等"字。

【示例】在多元主体关系研究中，网络结构、共享机制及共创模式等成为重点关注的对象（卢珊等，2021；Tsujimoto et al.，

2018a）。

在正文中若引用同一著者在同一出版年的多篇文献，则出版年后应用小写字母 a、b、c 等区别（文末参考文献的出版年格式与之一致）。若多次引用同一著者的同一文献，则在正文中标注著者和出版年，并在"( )"外以角标形式著录引文页码。

·引用同一著者同年出版的多篇文献

【示例】它描述了产业之间的合作关系，认为不同的传统产业（如工业、水、能源等行业）需要"交叉嵌入"、通力合作才能获得竞争优势，才能保障人与自然和谐相处（Chertow，2000b）。

·多次引用同一著者的同一文献

【示例】由于"思想"的内涵是"客观存在反映在人的意识中经过思维活动而产生的结果"（中国社会科学语言研究所词典编辑室，1996）[1194]，所以"编辑思想"的内涵就是编辑实践反映在编辑工作者的意识中。

三 文末参考文献的著录说明

文末参考文献的著录，首先按文种集中，先中文、后外文，然后中文文献按著者的汉语拼音顺序和出版年排列，英文文献按著者姓氏的英文字母顺序排列。

1. 图书

（1）普通图书

【格式】主要责任者. 出版年. 题名[文献类型标志]. 其他责任者（如有翻译者可填此项）. 版本项（初版不填）. 出版地：出版者.

【示例】陈劲.2020.科技创新：中国未来30年强国之路[M].北京：中国大百科全书出版社.

【示例】陈劲，郑刚.2016.创新管理：赢得持续竞争优势[M].3版.北京：北京大学出版社.

【示例】HAKEN H.1988.Information and Self-organization: A Macroscopic Approach to Complex Systems [M]. Berlin, Heidelberg: Springer.

【示例】O'BRIEN J A.1994.Introduction to Information Systems [M]. 7th ed.Burr Ridge：Irwin.

（2）翻译类图书

【格式】原著者.出版年.译书名[文献类型标志].译者，译.出版地：出版者.

【示例】加里·哈默，比尔·布林.2008.管理大未来[M].陈劲，译.北京：中信出版社.

2.析出文献

（1）期刊中析出的文献

【格式】析出文献主要责任者.出版年.析出文献题名[文献类型标志].刊名，卷（期）：起止页码.

【示例】陈劲，阳镇.2021.新发展格局下的产业技术政策：理论逻辑、突出问题与优化[J].经济学家，（2）：33-42.

【示例】ADNER R.2017.Ecosystem as structure: an actionable construct for strategy [J]. Journal of Management，43 (1): 39-58.

（2）图书中的析出文献

【格式】析出文献主要责任者.年份.析出文献题名[M]//专著

主要责任者.专著名.出版地：出版社：起止页码.

【示例】程根伟.1999.1998年长江洪水的成因与减灾对策[M]//许厚泽，赵其国.长江流域洪涝灾害与科技对策.北京：科学出版社：32-36.

【示例】MEACHAM J A.1990.The loss of wisdom [M]// STERNBERG R J.Wisdom, Its Nature, Origins, and Development. Cambridge: Cambridge University Press: 181-212.

（3）报纸中析出的文献

【格式】析出文献主要责任者.析出文献题名[文献类型标志].报纸名，出版日期（版次）.

【示例】陈志平.减灾设计研究新动态[N].科技日报，1997-12-13（5）.

（4）论文集、会议录、汇编中析出的文献

【格式】析出文献主要责任者.出版年.析出文献题名[文献类型标志]//原文献主要责任者.原文献题名.版本项.出版地：出版者：起止页码.

【示例】宋晓舒，程东明.2002.传统图书馆和数字图书馆[C]//图书情报工作杂志社.图书馆学情报学研究论文选.北京：科学技术文献出版社：1-2.

【示例】张忠智.1997.科技书刊的总编（主编）的角色要求[C]//中国科学技术期刊编辑学会建会十周年学术研讨会论文汇编.北京：中国科学技术期刊编辑学会学术委员会：33-34.

3.报告

【格式】主要责任者.年份.文献题名[文献类型标志].报告地：

报告会主办单位.

【示例】冯西桥.1997.核反应堆压力容器的LBB分析［R］.北京：清华大学核能技术设计研究院.

4.学位论文

【格式】作者.年份.文献题名[文献类型标志].保存地点：保存单位.

【示例】陶建人.1988.动接触减振法及其应用［D］.大连：大连理工大学.

5.网络文献

【格式】作者.标题[文献类型标志/文献载体标志].[检索日期].网址.

【示例】段智华.浅谈SOAP[EO/OL].[2003-07-15]. http://www.900.ibm.com/developerworks/sisoap.

6.英文文献

（1）责任者一律采用姓前名后的著录形式。欧美著者的名可缩写，并省略缩写点，姓大写，如：EINSTEIN A。

（2）图书、论文集、期刊的名称所有词均首字母大写，其他小写；论文集、期刊中的析出文献名一律为首词首字母大写，其余均小写；一般网络文献为首词首字母大写，其余均小写。

【示例】HEWITT J A.1984.Technical services in 1983 [J]. Library Resource Services, 28 (3): 205-218.

【示例】SALTON G, MCGILL M J.1983.Introduction to Modern Information Retrieval [M]. New York: McGraw-Hill.

注：当著者不超过3个时，全部照录；超过3个时，只著录前

3个，其后加",等"或", et al."。示例如下：卢珊，蔡莉，詹天悦，等；TSUJIMOTO M, KAJIKAWA Y, TOMITA J, et al.。

特别说明：对于中文参考文献，请同时提供英文翻译版本，以用于后期国际文献检索系统收录。示例如下：

陈劲，朱子钦.2021.探索以企业为主导的创新发展模式［J］.创新科技，21（5）：1-7.

CHEN J, ZHU Z Q.2021.Research on the enterprise dominated innovation-driven development mode [J]. Innovation Science and Technology, 21 (5): 1-7.

图书在版编目（CIP）数据

管理.2023年.第1期：总第4期/向锦武主编；陈劲执行主编；张晓东副主编.--北京：社会科学文献出版社，2023.12
　ISBN 978-7-5228-2786-5

Ⅰ.①管… Ⅱ.①向… ②陈… ③张… Ⅲ.①企业管理-研究-中国 Ⅳ.①F279.23

中国国家版本馆CIP数据核字（2023）第218427号

管理　2023年第1期　总第4期

主　　编 / 向锦武
执行主编 / 陈　劲
副 主 编 / 张晓东

出 版 人 / 冀祥德
组稿编辑 / 恽　薇
责任编辑 / 冯咏梅
文稿编辑 / 郭锡超
责任印制 / 王京美

出　　版 / 社会科学文献出版社·经济与管理分社（010）59367226
　　　　　　地址：北京市北三环中路甲29号院华龙大厦　邮编：100029
　　　　　　网址：www.ssap.com.cn
发　　行 / 社会科学文献出版社（010）59367028
印　　装 / 三河市龙林印务有限公司

规　　格 / 开　本：787mm×1092mm 1/16
　　　　　　印　张：10.5　字　数：121千字
版　　次 / 2023年12月第1版　2023年12月第1次印刷
书　　号 / ISBN 978-7-5228-2786-5
定　　价 / 89.00元

读者服务电话：4008918866

版权所有 翻印必究